Aztekische und Maya-Mythen

Mythen alter Kulturen

Ägyptische Mythen
Aztekische und Maya-Mythen
Griechische Mythen
Keltische Mythen
Mesopotamische Mythen
Nordische Mythen
Persische Mythen
Römische Mythen

Mythen alter Kulturen

Karl Taube

Aztekische und Maya-Mythen

Aus dem Englischen übersetzt
von Xenia Engel

Mit 49 Abbildungen
und 1 Karte

Philipp Reclam jun. Stuttgart

Titel der englischen Originalausgabe:
Aztec and Maya Myths. London: British Museum Publications, 1993. (The Legendary Past.)

Umschlaggestaltung: Werner Rüb, Bietigheim-Bissingen
Kartenzeichnung: Theodor Schwarz, Urbach
Satz: Wilhelm Röck, Weinsberg
Druck und buchbinderische Verarbeitung:
Franz Spiegel Buch GmbH, Ulm
Printed in Germany 1996
RECLAM ist eine eingetragene Marke der
Philipp Reclam jun. GmbH & Co., Stuttgart
ISBN 3-15-010427-0

Mythen alter Kulturen. 8 Bände in Kassette:
ISBN 3-15-030012-6

Inhalt

GOLF VON MEXIKO
PAZIFISCHER OZEAN
MEXIKO
CHICHIMECA
HUAXTEKEN
HIDALGO
TOTONAKEN
VERACRUZ
El Tajín
Tula
Teotihuacan
Tlatilco
Tenochtitlan/Mexico City
Cacaxtla
Cholula
Puebla
Xochicalco
Chalcatzingo
Veracruz
OLMEKEN
La Venta
San Lorenzo
Coatzacoalcos
TABASCO
Usumacinta
GUERRERO
MIXTEKEN
Monte Albán
Oaxaca
ZAPOTEKEN
OAXACA
CHIAPAS
Chiapa de Corzo
Palenque
Yaxchilan
Bonampak
Piedras Negras
HOCHLAND-MAYA
Pasion
PETEN
El Mirador
Uaxactun
Tikal
BELIZE
Lamanai
Altun Ha
Cerros
Santa Rita
CAMPECHE
TIEFLAND-MAYA
QUINTANA ROO
YUCATAN
Dzibilchaltun
Coba
Chichen Itza
Tulum
Mayapan
Uxmal
Labna
Sayil
Jaina
Nebaj
Utatlan
GUATEMALA
Motagua
Quirigua
HONDURAS
Copan
Iximché
Kaminaljuyu
Abaj Takalik
El Baúl
Izapa
Ocos
EL SALVADOR
▲ archäologische Fundstätten
0 100 200 300 400 500 km

Einleitung

Obgleich das Jahr 1492 den ersten Kontakt zwischen Völkern der Neuen Welt und dem Europa der Renaissance markiert, sollte es bis in das frühe 16. Jahrhundert dauern, bis die spanischen Eroberer im südlichen Mexiko und angrenzenden Zentralamerika auf ausgedehntere indigene Kulturen stießen. Die Völker dieser Region bewohnten eindrucksvolle Städte, deren öffentliches Leben durch einen komplexen Verwaltungs- und Regierungsapparat geregelt war, sie besaßen ausgeklügelte Schrift- und Kalendersysteme, und auch ihre bildenden Künste, Dichtung, Musik und Tanz waren von großem künstlerischen Wert. Doch war es leider nicht der hohe Grad an kultureller Entwicklung, der die ersten Europäer anzog; sie trieb die Gier nach Gold und anderen Reichtümern. Das zeigte sich etwa in der Plünderung und Zerstörung der aztekischen Hauptstadt Tenochtitlan im Jahre 1521, bei der nur ein verschwindend geringer Teil der vorhandenen Schätze bewahrt oder für die Nachwelt dokumentiert wurde. Einiges blieb jedoch erhalten und gelangte nach Europa. So äußerte sich etwa Albrecht Dürer, der 1520 während eines Aufenthaltes in Brüssel einige vormals von Hernán Cortés an König Karl V. gesandte Kunstgegenstände aztekischer Herkunft in Augenschein nahm, mit Erstaunen und Bewunderung über die große Schönheit und Kunstfertigkeit der Werke von Menschen so entlegener Weltgegenden.

Obgleich von Dürer sicher kaum verstanden, zeugen diese Gegenstände doch von einer Denkweise, die in ihrer Komplexität der künstlerischen Gestaltung und Schönheit der Objekte selbst in nichts nachsteht.

Die Vernichtung und massive Beschädigung von Faltbüchern, Skulpturen und anderen Kunstwerken in der Folge der spanischen Eroberung ist zweifellos höchst beklagenswert, der weit größere kulturelle Verlust besteht jedoch in der Zersetzung der Sitten, Gebräuche und Religion der ansässigen indigenen Völker durch Tod, Krankheit, Sklaverei und Massenbekehrungen. Doch daß sich ein großer Teil der in diesem Buch dargestellten Mythen auf die wenigen erhaltenen, wertvollen Werke gründet, die heute in den großen Museen und Bibliotheken der Welt äußerst sorgfältig konserviert werden, bedeutet keineswegs, daß wir es hier mit den toten Göttern untergegangener Kulturen zu tun hätten. Viele Elemente dieser Mythologien haben bis zum heutigen Tag in den Bräuchen und Überlieferungen der Nachfahren der Azteken, Maya und anderen Völker Mexikos und Zentralamerikas überlebt.

Das Gebiet, das die alten Azteken und Maya beherrschten, heute als Mesoamerika bezeichnet, erstreckte sich über Süd- und Ost-Mexiko, ganz Guatemala, Belize und El Salvador, West- und Süd-Honduras, die Pazifikseite Zentralamerikas, im Süden bis hinauf zur Nicoya-Halbinsel Costa Ricas. Die alten Völker Mesoamerikas weisen eine Reihe von gemeinsamen Kulturmerkmalen auf. Zu den auffälligsten gehören die Hieroglyphenschriften, Faltbücher und steinernen Spielplätze für rituelle Ballspiele, vor allem aber die Existenz von zwei miteinander verzahnten Kalendern. Ein Sonnenkalender mit 365 und ein ritueller Kalender mit 260 Tagen, die in ihrem Zusammenwirken einen großen, etwa 52 Jahre dauernden Zyklus ergaben. Durch Migration, Handel, Eroberungs- und Pilgerzüge kam trotz der zum Teil erheblichen Unterschiede zwischen den Kulturen der mesoamerikanischen Völker mit ihren füreinander oft unverständlichen Sprachen ein weitreichender, über Jahrtausende währender Austausch zustande. Es kann demnach kaum überraschen, daß die Mythen der Maya, Azteken und anderer Völker dieser Region vielerlei Übereinstimmungen in Themen und Motiven aufweisen. Trotz überraschender Parallelen einiger der hier dargestellten Götter, Symbole und mythischen Ereignisse mit entsprechenden Beispielen aus Mythologien der Alten Welt bleibt festzuhalten, daß die mesoamerikanischen Mythen einer unabhängigen und selbständigen Entwicklung entstammen. Es gibt keinerlei Hinweise auf Kontakte zwischen den Zivilisationen der Alten und Neuen Welt vor dem 16. Jahrhundert. Wie die anderen Völker der Neuen Welt erreichten auch die Vorfahren der Bewohner Mesoamerikas diese Region gegen Ende der Eiszeit durch die Überquerung der Beringstraße zwischen Sibirien und Alaska. Tatsächlich legen gewisse mesoamerikanische Vorstellungen, wie etwa schamanische Verwandlungen, die Existenz eines Mondkaninchens und die Bedeutung, die den Weltrichtungen und bestimmten Bäumen beigemessen wurde, die Annahme einer Verbindung mit Ostasien nahe. Es ist durchaus möglich, daß solche Vorstellungen schon etwa zehntausend Jahre v. Chr. von den ersten Einwanderern mitgebracht wurden.

Die Frühgeschichte Mesoamerikas

Im Vergleich zu den alten Ägyptern, Sumerern und anderen frühen Hochkulturen der Alten Welt sind die Kulturen Mesoamerikas relativ jungen Ursprungs. Die Olmeken, wohl die erste große Hochkultur dieser Region, die diesen Namen mit vollem Recht verdient, entwickelten sich im tropischen Tiefland des südlichen Veracruz und angrenzenden Tabasco. Im 12. Jahrhundert v. Chr. errichteten sie Kultbauten und monumentale Steinskulpturen mit einer vielfältigen Ikonographie, die Kosmologie, Götter und Herrschaftssymbole verbindet. Ebenso wie in späteren mesoamerikanischen Gesellschaften bildete der Landbau die wirtschaftliche Grundlage der olmekischen Kultur, d. h. vor allem der Anbau von Mais, bis heute das wichtigste Agrarprodukt Mesoamerikas. Die ersten Kalender und Schriftzeugnisse der Region haben ihren Ursprung in einer anderen frühen Kultur, der der Zapoteken des Hochlands von Oaxaca. Etwa um 600 v. Chr. wurden dort kalendarische Informationen von historischer Bedeutung festgehalten; über tausend Jahre diente das in den Bergen gelegene Monte

Albán den Zapoteken als Hauptstadt. Während die Kultur der Olmeken um 400 v. Chr. ihr ungeklärtes Ende fand, gehören die Zapoteken bis heute zu den wichtigsten Bevölkerungsgruppen der indigenen Bevölkerung Oaxacas.
In ganz Mesoamerika zeichnet sich die protoklassische Periode (100 v. Chr. – 300 n. Chr.) durch die Entwicklung komplexer urbaner Kulturen aus. Im Maya-Gebiet des östlichen Mesoamerika ließen die Herrscher von Städten wie Izapa, Abaj Takalik, Kaminaljuyu, El Mirador, Uaxactun und Tikal eindrucksvolle architektonische und plastische Monumentalwerke errichten, wobei viele dieser Steinmonumente, vor allem in Izapa, mythologische Szenen, Themen und Motive darstellen.
Obgleich schon den protoklassischen Maya geläufig, gewann die Schrift in der darauffolgenden klassischen Periode (300–900 n. Chr.) an Bedeutung und Vielfalt. Dank der Entzifferung von Maya-Glyphen sind wir heute in der Lage, die Namen der Götter, Städte und Könige der klassischen Maya korrekt wiederzugeben. Hinzu kommt eine große Anzahl von Texten und künstlerischen Darstellungen, die ein plastisches Bild vieler Aspekte ihrer Mythologie zeichnen. Aufgrund der architektonischen und künstlerischen Höchstleistungen, wie sie etwa in Palenque, Yaxchilan, Tikal und Copan zu bestaunen sind, wird die klassische Periode in der Regel als Höhepunkt der Maya-Kultur angesehen. Obgleich sich die religiösen Vorstellungen, die das Leben der städtischen Bevölkerung prägten, zweifellos ähnelten, gibt es keinen Hinweis auf die Existenz eines vereinigten Maya-Imperiums oder eines konföderativen Bundes – vielmehr scheint es sich um konkurrierende Stadtstaaten gehandelt zu haben. Gegen Ende der klassischen Periode waren viele der Maya-Städte schon verlassen worden, was jedoch nicht das Ende der Maya-Kultur an sich bedeutete. Das umfangreichste bekannte Epos, das der Feder eines Quiché-Maya entstammt, das *Popol Vuh,* entstand erst gegen Ende des 16. Jahrhunderts. Tatsächlich sind sakrale Erzählungen bei den Maya bis heute lebendige Tradition, wenngleich es die prähispanische Mythologie ist, die in dem besagten Buch im Mittelpunkt steht.

Gravierter steinerner Axtkopf, olmekisch, mittlere formative Periode, um 600 v. Chr.

Besonders eine spätere Fundstätte, das während der protoklassischen Periode in Zentralmexiko an Bedeutung gewinnende Teotihuacan oder ›Ort derer, die Götter wurden‹, war den Azteken bekannt. Der aztekischen Mythologie zufolge war dies der Ort, an dem Sonne und Mond erschaffen wurden; die beiden größten aztekischen Pyramiden sind dementsprechend nach Sonne und Mond benannt. Die höhere, die Sonnenpyramide, wurde etwa um Christi Geburt erbaut. Der gewaltige Bau ist unmittelbar über einer natürlichen Höhle errichtet. Dies könnte mit der Vorstellung zusammenhängen, der Mensch sei ursprünglich aus der Erde gekommen, einer im späteren Mesoamerika weitverbreiteten Schöpfungsepisode. In der klassischen Periode, der Blütezeit Teotihuacans, erstreckte sich die Stadt über 20 km^2 und hatte etwa 200000 Einwohner. Die verputzten Stadtmauern waren mit kunstvollen Wandmalereien bedeckt, von denen viele die Götter darstellten, die auch die nachfolgenden Tolteken- und Aztekenkulturen Zentralmexikos kannten.

Die Stadt Teotihuacan, wo der postklassischen mesoamerikanischen Mythologie zufolge Sonne und Mond erschaffen wurden

Wie schon erwähnt, waren zu Beginn der frühen postklassischen Periode (900–1250 n. Chr.) schon viele Maya-Städte verlassen, unter ihnen auch Monte Albán und Teotihuacan. Tula, eine Fundstätte in Zentralmexiko, die aus dieser Periode datiert, ist nach heutigen Erkenntnissen mit dem legendären Tollan identisch, der Hauptstadt der Tolteken unter der Herrschaft Topiltzin Quetzalcoatls, des menschlichen Gegenparts des großen Gottes Quetzalcoatl. Texte sowohl der zentralmexikanischen als auch der Yucatec-Maya sprechen davon, daß Quetzalcoatl seine Hauptstadt in das rote Land im Osten, wahrscheinlich Yucatan, verlegt habe.

Der Regengott Tlaloc trägt Mais. Detail eines Wandgemäldes in Teotihuacan, klassische Periode

Die Fundstätte Chichen Itza in Yucatan weist in der Tat charakteristisch toltekische Merkmale auf, und zweifellos muß in der frühen postklassischen Periode zwischen diesem Ort und Tula eine besondere Beziehung bestanden haben.
Der kulturelle und gesellschaftliche Zustand der Zivilisationen der späten postklassischen Periode (1250–1521) entspricht dem, den die Spanier im 16. Jahrhundert vorfanden, und alle uns bekannten erhaltenen prähispanischen Faltbücher datieren aus dieser Zeit. Hinzu kommt, daß die zu Beginn der Kolonialisierung von indigenen und spanischen Gelehrten verfaßten Werke reichhaltiges

Tula, Hidalgo, die legendäre Toltekenstadt Tollan. Frühe postklassische Periode, um 900–1250

Material zu Sitten, Gebräuchen und religiösen Praktiken der späten postklassischen Periode enthalten. Während die Maya der klassischen Periode am bedeutendsten sind, ist für die Azteken einzig die späte postklassische Periode von Belang. Die Azteken, oder Culhua-Mexica, wie sie sich selbst vorzugsweise nannten, waren relative Neulinge in Zentralmexiko. Ihre große Inselhauptstadt Tenochtitlan – Stätte des heutigen Mexiko City – wurde erst um 1345 gegründet. Dessenungeachtet hatten die Azteken schon bis zum Beginn der spanischen Eroberung, also in nur knapp zweihundert Jahren, das mächtigste Reich des alten Mesoamerika aufgebaut.

Ursprünge und Wachstum des aztekischen Staates spiegeln sich ausgeprägt in der aztekischen Religion wider, da sich die Azteken zur Legitimierung ihres Herrschaftsanspruchs unter anderem Glauben und Ikonographie früherer Völker aneigneten. So sprachen sie beispielsweise Tula, der legendären Hauptstadt der Tolte-

*Die Gründung der aztekischen Hauptstadt Tenochtitlan. Codex Mendoza, Bl. 2^{r}, frühe koloniale Periode. In der Mitte der Adler auf dem blühenden Nopal-Kaktus über einem Felsen (*Tenochtitlan *bedeutet ›Kaktus-Felsen‹). Aztekischen Migrationsberichten zufolge galten Adler und Felsen als Zeichen der künftigen Hauptstadt*

ken, besondere Bedeutung zu, und gewisse aztekische Gottheiten lassen sich bis dorthin, ja sogar bis zu dem noch früheren Teotihuacan zurückverfolgen. Auch religiöse Praktiken von Zeitgenossen wurden von den Azteken aufgenommen, wie die der Völker Pueblas, der Golfküsten-Huasteken und der Mixteken Oaxacas. Die aktive Aneignung fremder Bräuche diente sowohl der Konsolidierung vorangegangener Eroberungen als auch der Schaffung einer kulturellen Einheit. Die Azteken hatten sogar einen besonderen Tempel, den Coateocalli, der der Aufbewahrung eroberter Standbilder fremder Götter diente. Obgleich die aztekische Mythologie also viele Gottheiten, Themen und Motive enthält, die ihren Ursprung in anderen mesoamerikanischen Kulturen haben, gibt es auch rein aztekische Mythen. Dies gilt insbesondere für den mythischen Ursprung Huitzilopochtlis am Berg Coatepec, der als geheiligter Freibrief für die Expansion des aztekischen Imperiums angesehen werden kann.

Die frühe mesoamerikanische Religion

Kalender

Für Mythologie und Alltag des prähispanischen Mesoamerika waren die Kalender von maßgeblicher Bedeutung. Einer der wichtigsten Zyklen umfaßte eine Zeitspanne von 260 Tagen. Zum Zweck der Unterteilung und Datierung kombinierte man zwanzig aufeinanderfolgende Tagesnamen fortlaufend mit einer Zahl zwischen eins und dreizehn. So setzt sich auch der oben erwähnte Tag Eins Kaiman aus zwei Bestandteilen zusammen – der Zahl Eins und dem Tagesnamen Kaiman. Ein bestimmter Tag wiederholte sich also nicht, bevor alle möglichen 260 Kombinationen von Zahl und Name durchgespielt waren. Ein neues Jahr setzte stets mit einem der vier ›Trägerzeichen‹ – Schilfrohr, Opfermesser, Haus oder Kaninchen – ein. Menschen, Götter, selbst Weltepochen wurden im alten Mesoamerika mit Hilfe dieses kalendarischen Systems benannt. Der legendäre Herrscher Tollans, Topiltzin Quetzalcoatl, erhielt daneben den Namen Eins Schilfrohr oder Ce Acatl, wie er in der Aztekensprache Nahuatl heißt. Ähnlich tragen auch viele der in dem Schöpfungsmythos *Popol Vuh* der Maya erwähnten Götter Namen, die durch den 260-Tage-Zyklus festgelegt wurden. Mythologisch zwar von geringerer Bedeutung, benutzten die Bewohner Mesoamerikas neben besagtem Ritualkalender einen Sonnenkalender von 365 Tagen, der sich aus achtzehn Monaten mit je zwanzig und einem Kurzmonat von fünf Tagen, der als unglücksbringende Periode galt, zusammensetzt. Der 365- und der 260-Tage-Zyklus waren miteinander verzahnt, wobei jedes Jahr nach einem bestimmten 260-Tage-Datum benannt wurde. Durch die speziellen Verschiebungen der beiden Zyklen gegeneinander wiederholte sich ein spezifischer Jahresname, wie etwa Zwei Schilfrohr, erst nach dem Ablauf von 52 Jahren, der Spanne eines aztekischen ›Jahrhunderts‹.

Die Maya und ihre Nachbarvölker des südöstlichen Mesoamerika favorisierten ein anderes kalendarisches System. Als ›Lange Zählung‹ (›long count‹) bekannt, basiert diese fortlaufende Tageszählung auf dem bei den Maya üblichen Vigesimalsystem, d. h. auf einem mit der Zahl zwanzig operierenden System. Das Datum, mit dem die Zeitrechnung der Maya einsetzt und das wahrscheinlich ein mythisches Ereignis markiert, ist der 10. August 3114 v. Chr. Obgleich zuerst von Nicht-Maya-Völkern im ersten Jahrhundert vor unserer Zeitrechnung verwendet, erreichte dieses System unter den klassischen Maya seinen höchsten Grad an Komplexität und Popularität. Eine verkürzte Form der Langen Zählung blieb bei den Yucatecan-sprachigen Völkern des nördlichen Maya-Tieflandes bis weit in die koloniale Periode in Gebrauch.

Im mesoamerikanischen Denken diente der Kalender gleichzeitig der Strukturierung von Zeit und Raum. Jeder der zwanzig Tagesnamen des 260-Tage-Zyklus weist in kontinuierlicher, gegen den Uhrzeigersinn laufender Abfolge in eine bestimmte Richtung; ihr Beginn liegt im Osten und verläuft über Norden und Westen nach Süden. Ähnlich verhielt es sich mit der ebenfalls gegen den Uhrzeigersinn verlaufenden Abfolge des 365-Tage-Sonnenjahres. Die erste Seite des Kodex Fejérváry-Mayer zeigt den 260-Tage-Zyklus mit der Ausrichtung nach den vier Himmelsrichtungen und den ihnen zugeordneten Vögeln und Bäumen. Im Zentrum steht der mexikanische Gott der Zeit und des Feuers Xiuhtecuhtli in der Gestalt eines Kriegers, dem vier Blutströme entgegenfließen. Die Quellen dieses Blutes entspringen in den äußeren Ecken des Blat-

Der Tag Ce Cipactli oder Eins Kaiman. Als erster Tag des 260-Tage-Kalenders wird er in der mesoamerikanischen Mythologie oft mit Schöpfung und Zeitenbeginn in Verbindung gebracht. Detail eines Steinkastens, aztekisch, späte postklassische Periode

tes, nahe den vier Vögeln: Es stammt aus dem abgetrennten Arm, Bein, Torso und Kopf Tezcatlipocas, eines der mächtigsten Götter Zentralmexikos. Zwar ist uns diese mythische Episode aus anderen Quellen so nicht bekannt, doch legt die Szene nahe, daß das Zerstreuen der abgetrennten Körperteile Tezcatlipocas durch Xiuhtecuhtli gleichbedeutend mit der Erschaffung des Kalenders und der vier Himmelsrichtungen ist – der Strukturierung also von Zeit und Raum.

Mesoamerikanische Kalendersysteme dienten keineswegs nur der Abmessung bestimmter Zeitabschnitte des alltäglichen Lebens,

Ein mesoamerikanisches Modell von Zeit und Raum. Götter, Tagesnamen, Bäume und Vögel weisen in die vier Himmelsrichtungen; im Zentrum befindet sich Xiuhtecuhtli. Codex Fejérváry-Mayer, S. 1. Späte postklassische Periode

wie etwa der dreizehntägigen Wochen, zwanzigtägigen Monate und der 365-Tage-Sonnenjahre, sondern man unterschied mit ihrer Hilfe Perioden, in denen heilige und oft gefährliche Kräfte besonders wirksam waren. Die Völker des alten Mesoamerika waren auch aufmerksame Himmelsbeobachter und bewanderte Astronomen und nutzten den Kalender, um Sonnen- und Mondfinsternisse, die Position der Venus, den Umlauf der Gestirne und andere Himmelsereignisse vorauszusagen. Für sie waren diese himmlischen Vorgänge nicht bloß mechanische Bewegungen toter Himmelskörper, sondern göttliche Handlungen, aktuelle Wiederholungen mythischer Ereignisse aus der Zeit der Schöpfung. In Zentralmexiko setzte man das erste Erscheinen der Venus als Morgenstern mit Tlahuizcalpantecuhtli, dem Herrn der Morgendämmerung, gleich, der am ersten Morgen unserer Welt die aufgehende Sonne in Teotihuacan bekämpfte. Die Verzahnung der Kalendersysteme selbst erzeugte heilige Zeiträume; so bezog sich etwa die Mehrzahl der Maya-Steinmonumente der klassischen Periode auf die Beendigung größerer Abschnitte der Langen Zählung. Bei den nachklassischen Yucatan-Maya galt das Ende des 365-Tage-Sonnenjahres als besonders gefährlich; den kolonialen *Cantares de Dzitbalché* zufolge war diese Periode sogar mit der Zerstörung und Neuschöpfung der Welt gleichzusetzen. Dieser Aspekt der Yucatec-Neujahrsriten findet sich ebenfalls in der Schöpfungsmythologie der Maya. Auch die Azteken sahen dem Ende ihres 52-Jahre-Zyklus mit großer Besorgnis entgegen: Denn sollte das rituelle Feuerentfachen nach dem Aufgang des Siebengestirns (Neufeuer-Zeremonie) nicht gelingen, würden die fürchterlichen Sterndämonen, die *tzitzimime*, ihre Macht über die Welt wiedererlangen.

Tag versus Nacht

Das Gegenüber von Tag und Nacht macht einen der fundamentalsten Gegensätze im mesoamerikanischen Denken aus. Die Zeugnisse, die von der ersten Morgendämmerung berichten, beschreiben dieses Ereignis als den Anbruch der legendären und hi-

storischen Zeit der Sterblichen im Unterschied zu der mythischen Zeit der Schöpfung. Im *Popol Vuh* der Quiché-Maya erstarren die Götter und wilden Tiere beim ersten Erscheinen der Sonne zu Stein, und ein aztekisches Dokument erzählt, wie Tlahuizcalpantecuhtli sich angesichts der ersten Morgenröte über Teotihuacan in den Gott des Steins und der Kälte verwandelt. In der aztekischen Mythologie opferten sich die Götter während der ersten Morgendämmerung in Teotihuacan, und einer Version dieses Mythos zufolge wurden die göttlichen Überreste hiernach zu heiligen Bündeln verschnürt. Damit erklärten Azteken und Maya die Ursprünge der späteren Erscheinungsformen ihrer Götter als bewegungslose Steindenkmäler oder heilige Bündel.
Während die Morgendämmerung das Einsetzen der Zeitspanne markiert, die von der Ordnung und Stabilität des alltäglichen Lebens der Sterblichen geprägt ist, entspricht die Nacht der mythischen Zeit, in der Götter und Dämonen zum Leben erwachen. Bei den Völkern von Veracruz heißt es auch heute noch, daß einzig die Sterne am Nachthimmel die Felsen daran hindern, sich nach Einbruch der Dunkelheit in Jaguare zu verwandeln. Die Nacht ist im

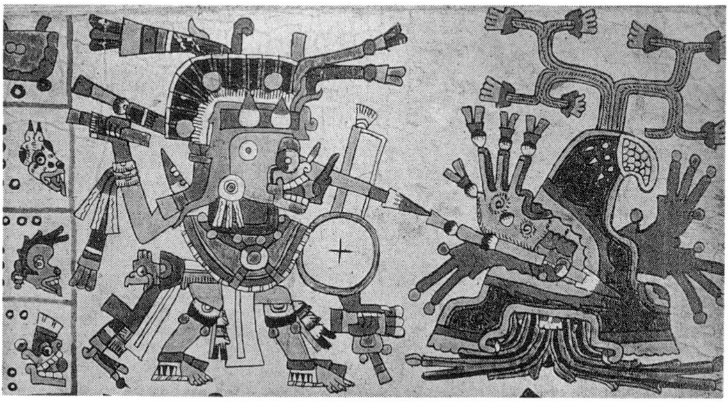

Der Venus-Gott Tlahuizcalpantecuhtli beim Angriff auf einen Wasserberg oder altepetl *(der aztekische Begriff für ›Stadt‹). Detail einer Venus-Seite, Codex Cospi, S. 10*

mesoamerikanischen Glauben die Zeit, in der unheimliche Wesen, die ihre Gestalt verwandeln können, und allerhand Dämonen umherstreifen. Die Stunden nächtlicher Finsternis sind jedoch auch die Zeit, da die Sterblichen mit dem Übernatürlichen Kontakt aufnehmen. So unternimmt etwa der Geist des Schläfers in seinen Träumen gefährliche Reisen, um mit den Ahnen, Göttern und anderen übernatürlichen Wesen zusammenzutreffen. Auch halluzinogene Rauschmittel wie Psilocybinpilze, Peyote, die Samen der Zauberwinde und andere werden bevorzugt nachts eingenommen, um mit der Geisterwelt in Verbindung zu treten. In den sichtbaren Bewegungen der Gestirne und Planeten am nächtlichen Himmel wiederholen sich unterdessen die mythischen Ereignisse der Schöpfung unaufhörlich. Besonders gefürchtet waren Sonnenfinsternisse, da sie die neuerliche gewaltsame Machtergreifung der Sterne und anderer Nachtgeschöpfe über den Tag anzeigten.
Trotz des deutlichen Gegensatzes zwischen den dem Chaos zugehörigen Nachtstunden und dem hellen, geordneten Tag handelt es sich hierbei nicht um den schlichten Gegensatz von Gut und Böse. Im mesoamerikanischen Denken treten dualistische Vorstellungen dieser Art meist als sich wechselseitig bedingende Gegensätze auf: Beide sind notwendig, um die Totalität des Daseins überhaupt zu ermöglichen. So wie der Schlaf die unabdingbare Erholungs- und Erneuerungsphase für die Kräfte zur Bewältigung des menschlichen Alltags ist, laden die Nacht und die Perioden heiliger Zeit den Tag mit neuer Macht und Kraft auf. Die kritischen Zeiträume, die der Kalender am Ende bestimmter Zyklen vermerkt, sind damit auch Phasen der Erneuerung, in denen die Mächte der Schöpfung wiederkehren. Diese heilige mythische Zeit findet durch Riten, Omina und Prophezeiungen, selbst durch die Gegenwart bestimmter Personen, wie Könige, Priester und Schamane, Heiler und Zwillingspaare, in das alltägliche Leben ihren Eingang.

Die Zwillingsmythologie

In Mesoamerika wurden Zwillingsgeburten keineswegs begrüßt, sondern im Gegenteil mit Besorgnis betrachtet, da sie, ebenso wie die Geburt mißgebildeter Kinder, als unheilverkündende Omina galten. So war etwa der hundsgestaltige Gott Xolotl in Zentralmexiko gleichzeitig der Gott der Zwillinge und der Mißgebildeten. Der Dominikanermönch Fray Bartolomé de las Casas berichtet, daß Zwillinge bei den Azteken eine Bedrohung für Leib und Leben der Eltern darstellten, so daß eines der beiden Kinder sofort nach der Geburt getötet wurde. Doch geht es bei dieser

Die klassische Maya-Form der göttlichen Zwillinge des Popol Vuh, *Hunahpu und Xbalanque. Malerei aus der Höhle von Naj Tunich, Guatemala*

Furcht vor Zwillingsgeburten um weit mehr als um das individuelle Wohlergehen der Eltern; denn Zwillinge verkörperten die mythische Zeit der Schöpfung. In der Schöpfungsmythologie der Azteken, Maya und anderer mesoamerikanischer Völker sind Zwillingspaare häufig anzutreffen. Meist treten sie als heldenhafte Kulturstifter und Bezwinger von Ungeheuern auf, die eine menschengerechte Umwelt erst eigentlich erschaffen und mit den für die Menschen lebensnotwendigen Dingen ausstatten. Dabei sind sie jedoch nicht nur Schöpfer der Ordnung, sondern gelten auch als Verkörperung von Konflikt und Veränderung.

Das *Popol Vuh* der Quiché-Maya enthält einen detaillierten Bericht über die göttlichen Zwillinge Xbalanque und Hunahpu, die in die Unterwelt hinabsteigen, um den Tod ihres Vaters und ihres Onkels, gleichfalls ein Zwillingspaar, zu rächen. In Zentralmexiko wird der Kulturstifter Quetzalcoatl mit Zwillingen gleichgesetzt, wie es sich schon in seinem Namen ausdrückt: Das Wort *coatl* bedeutet in Nahuatl sowohl ›Zwilling‹ als auch ›Schlange‹. In der aztekischen Schöpfungsmythologie erscheint Quetzalcoatl oft gemeinsam mit Xolotl oder Tezcatlipoca. Obgleich weniger deutlich als Hunahpu und Xbalanque der Quiché verweisen diese aztekischen Paarverbindungen jedoch ebenfalls auf die Vorstellung eines göttlichen Zwillingspaares. In der Neuen Welt sind die heldischen Zwillinge zweifellos ein uraltes Motiv; außer in Mesoamerika begegnet es uns häufig in den Schöpfungsmythologien des angrenzenden Mittelamerika, im Tiefland Südamerikas und im amerikanischen Südwesten.

Rollenmodelle und Sozialverhalten

Mesoamerikanische Mythen sind mehr als sakrale Versuche zur Erklärung der Anfänge der Welt; sie sind zugleich auch ganz irdisch ausgerichtet und enthalten eindrückliche Belehrungen, wie man richtig leben solle. Besonders häufig werden die Laster des Hochmuts und der Habsucht erwähnt, die zu Untergang und Katastrophe führen. In der aztekischen Mythologie ist es nicht der eitle, reiche Tecuciztecatl, der sich endlich in die Sonne verwandelt, sondern der bescheidene, doch mutige Nanahuatzin. Im *Popol Vuh* erschlagen die göttlichen Zwillinge den Riesenvogel Vucub Caquix schließlich zur Strafe für dessen Hochmut und Prahlerei. Habsucht und Hochmut wurden meist als Laster der Adligen angesehen, und ein großer Teil der erhaltenen Mythen stellt Rollenmodelle für das Verhalten der Noblen und Könige dar. Doch erschöpfen sich die Mythen der Maya und Azteken keineswegs in Verhaltensregeln dieser Art. Vor allem nämlich setzen sie sich mit existentiellen Fragen des Daseins auseinander und suchen eine Antwort auf das Warum und Wozu der menschlichen Existenz zu geben.

Aztekisches Opfermesser mit Mosaik, späte postklassische Periode

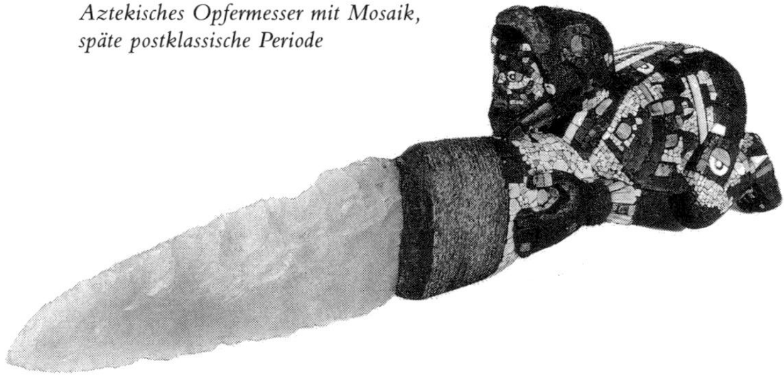

Dem *Popol Vuh* zufolge erschufen die Götter das gegenwärtige Menschengeschlecht, das Maisvolk, damit diese Menschen sie durch Gebete und Opfergaben ernährten und erhielten. Die mythischen Berichte von der Opferung der Götter in Teotihuacan und von der Tötung Coyolxauhquis und ihrer Brüder (s. S. 79) begründen dagegen die Notwendigkeit der Menschenopfer für das Fortbestehen der Welt. Gerade weil die Praxis der Herz- und Menschenopfer bis heute als abstoßendster Aspekt der alten mesoamerikanischen Religion gilt, sollte man sich bewußt machen, daß die Opferung von Menschen nicht etwa Grausamkeit und Willkür entsprang, sondern auf der Vorstellung einer fundamentalen Verantwortlichkeit des Menschen für die Aufrechterhaltung des kosmischen Gleichgewichts gründete.

Forschungsgeschichte und die wichtigsten Quellen

Die Azteken und Maya besaßen wie andere mesoamerikanische Völker eine ausgeprägte Schriftkultur. Sie überlieferten ihre Mythen mittels einer Reihe unterschiedlicher Medien, darunter Faltbücher, bemalte Keramikgefäße, Holz- oder Knochenschnitzereien, monumentale Steinbauten und -plastiken. Ebenso wichtig wie die schriftlichen Zeugnisse sind jedoch die oftmals beigefügten Illustrationen, die mythische Ereignisse und besondere Eigenschaften der jeweiligen Götter bildlich wiedergeben.

Die prähispanischen Faltbücher, allgemein Codices (Handschriften) genannt, haben wesentlich zur Erforschung der Religion der indigenen Völker beigetragen. Bedauerlicherweise sind nur etwa achtzehn dieser Bücher in unverfälschtem Originalstil erhalten geblieben. Lediglich vier nachklassische Faltbücher der Maya sind uns heute zugänglich: die Dresdner, Pariser und Madrider Handschrift sowie die vierte, erst kürzlich entdeckte Grolier-Handschrift. Für Zentralmexiko existiert eine besonders bedeutende Gruppe von fünf Handschriften: Borgia, Vaticanus B, Cospi, Laud und Fejéváry-Mayer. Der Stil der nach dem eindrucksvollsten dieser Bücher benannten Borgia-Gruppe ist für das späte nachklassische Zentralmexiko bezeichnend, wenngleich die genaue Herkunft der einzelnen Bücher ungewiß ist und kaum angenommen werden kann, daß sie ein und demselben Ursprungsort entstammen. Während die Borgia-Handschrift aus dem Staat Puebla stammt, scheint Veracruz für die Handschriften Laud und Fejéváry-Mayer der wahrscheinlichere Herkunftsort zu sein. Obgleich diese Handschriften wohl innerhalb des aztekischen Imperiums angefertigt wurden, deuten Körperproportionen und andere Darstellungskonventionen darauf hin, daß sie wahrscheinlich nicht in der aztekischen Hauptstadt Tenochtitlan selbst entstanden sind. Trotzdem ist die Borgia-Gruppe für die Erweiterung und Vertiefung unserer Kenntnisse über die Azteken von großer Bedeutung.

Die erhaltenen Maya-Handschriften und die Borgia-Gruppe enthalten hauptsächlich kalendarische Weissagungen. Da die Götter in diesen Manuskripten zumeist im Zusammenhang mit bestimmten Prophezeiungen und nur selten in fortlaufenden Erzählungen auftreten, enthalten die prähispanischen Handschriften nur marginale Hinweise auf mythische Ereignisse. Die wenig bekannten mittleren Seiten der Borgia-Handschrift stellen allerdings in diesem Punkt eine beachtenswerte Ausnahme dar, zumal sie einige Übereinstimmungen mit überlieferten aztekischen Mythen aufweisen. Neben diesen neun Weissagungs-Handschriften existieren jedoch außerdem prähispanische Manuskripte mythologischen Inhalts. So ist etwa auf der Titelseite des Codex Vindobonensis von Ereignissen die Rede, die sich während der Schöpfung zutrugen. Unter anderem wird dort von Ursprung und Geschichte Neun Winds berichtet, der mixtekischen Form Quetzalcoatls. Leider sind die entsprechenden prähispanischen Handschriften der Maya und Azteken nicht erhalten. Immerhin scheint es sich bei bestimmten mythologischen Überlieferungen, die während der kolonialen Periode mit lateinischen Buchstaben festgehalten wurden, um Abschriften präkolumbianischer Bücher zu handeln. Dem Quiché-Autor des in der frühen kolonialen Periode verfaßten *Popol Vuh* zufolge basiert dieses Maya-Manuskript auf einem uralten, verschollenen Buch. Auch einige die Azteken betreffende mythologische Erzählungen sind Abschriften verlorengegangener prähispanischer Handschriften.

Die wichtigsten Quellen für die Mythologie der Azteken entstammen jedoch nicht der prähispanischen, sondern der frühen kolonialen Periode. Während viele spanische Kolonisten die ansässige Bevölkerung hauptsächlich unter dem Gesichtspunkt ihrer Aus-

Der Gott Neun Wind, die mixtekische Form des Windgottes Ehecatl-Quetzalcoatl. Codex Vindobonensis, S. 48 (Detail). Späte postklassische Periode

beutung durch Tributabgaben und Fronarbeit betrachteten, sahen die Franziskaner, Dominikaner, Augustiner und andere religiöse Orden in diesen Völkern die utopische Möglichkeit zur Gestaltung einer neuen, besseren Welt verkörpert. Anstatt die kulturellen Errungenschaften der Azteken herabzusetzen oder zu leugnen, galten sie den Geistlichen als Beweis für eine von Gott verliehene Anlage zu menschlicher Größe. Als mit Vernunft und Seele begabte, kulturfähige menschliche Wesen verdienten die Eingeborenen Fürsorge und Schutz der Kirche. In den Schriften eines Bernardino de Sahagún, Juan de Torquemada, Bartolomé de las Casas und anderer Geistlicher des 16. Jahrhunderts ist oftmals die Bewunderung für die Komplexität und den hohen Entwicklungsstand der prähispanischen Kulturen zu spüren. Natürlich brachten auch sie nicht allen Aspekten der indigenen Kultur Respekt entgegen; vor allem die mesoamerikanische Religion und ihre rituellen und kultischen Verrichtungen galten als barbarisch und böse. Sie waren Zielscheibe kirchlicher Bannsprüche und Objekt eines häufig kaum gezügelten Missionierungseifers.

Im Mexiko des 16. Jahrhunderts, bzw. Neu-Spanien, wie es damals hieß, waren es die Franziskaner, die Sitten und Gebräuche der indigenen Bevölkerung am gründlichsten dokumentierten. Sowohl von der spanischen Krone als auch von Hernán Cortés begünstigt, gründeten die Franziskaner 1524 die erste Mission in Mexiko City. Ebenso wie den anderen religiösen Orden lag den Franziskanern an einer wahren Bekehrung der Eingeborenen – ein Vorhaben, daß sich ohne gründliche Kenntnisse von Sprache, Sitten und Religion jedoch kaum verwirklichen ließ. Einer der ersten, der sich erfolgreich mit der aztekischen Sprache und Kultur beschäftigte, war Fray Andrés de Olmos. Wahrscheinlich ist er unter anderem auch der Verfasser einer der wichtigsten Aufzeichnungen der aztekischen Schöpfungsmythologie, der *Historia de los mexicanos por sus pinturas*. Eine weitere mythologisch bedeutende Quelle, die *Histoyre du Mechique,* die französische Version eines verschollenen spanischen Originals, geht wahrscheinlich ebenfalls, zumindest teilweise, auf das Werk Olmos' zurück.

Als der bei weitem berühmteste Chronist von Gesellschaft und Religion der Azteken gilt Fray Bernardino de Sahagún. Er traf 1529 in Mexico ein und widmete den Großteil seines Lebens dem Studium und der Dokumentation der aztekischen Sprache und Kultur. Wie den meisten seiner Zeitgenossen erschienen auch ihm viele aztekische Bräuche sündhaft und verderbt – so vergleicht sich Sahagún in einer vielzitierten Passage mit einem Arzt, der Ursachen und Symptome einer Krankheit kennen muß, um sie heilen zu können. Doch darüber hinaus lag ihm tatsächlich daran, die Existenz dieser faszinierenden und einmaligen Welt, deren zunehmend rapider Verfall ihm vor Augen stand, für die Nachwelt festzuhalten. Wie andere zeitgenössische Chronisten hatte auch Sahagún Zugang zu weisen Männern hohen Alters, die den größten Teil ihres Lebens in der aztekischen Gesellschaft, wie sie vor der Ankunft der Europäer war, zugebracht hatten. Außerdem gelang es ihm dank der Hilfe von indigenen Schriftgelehrten, Einblick in sehr alte Handschriften zu nehmen. Mit großer Bewunderung beschreibt Sahagún diese Bücher und ihre Bedeutung für seine Studien:

> Die Bücher, die sie bei sich trugen, enthielten Malereien von Figuren und Bildern, so daß sie Kenntnis von den Dingen besitzen und bewahren, die ihre Vorfahren, mehr als tausend Jahre vor der Ankunft der Spanier in diesem Land, unternommen und in ihren Annalen aufgezeichnet haben.
> Die meisten dieser Bücher und Schriften sind zu Zeiten der Zerstörung anderer Götzenglauben verbrannt worden, doch viele der versteckten Bücher, deren wir ansichtig wurden, sind erhalten geblieben und weitergegeben worden, wodurch sich ihr hohes Alter erklärt.

Sahagún gehörte zu jenen äußerst produktiven Gelehrten, die eine Vielzahl wichtiger Beiträge leisteten; doch als das bedeutendste seiner erhalten gebliebenen Werke kann wohl zweifellos die *Historia general de las cosas de Nueva España* gelten. Dieses Werk ist ein enzyklopädisches Großunternehmen, das mehr als 1850 Illustrationen zur Kultur der Azteken enthält; in seiner Ausführlichkeit und Detailfülle ist es das umfassendste Werk, das einer einzelnen prähispanischen Kultur gewidmet wurde. Der sowohl im aztekischen Nahuatl als auch in Spanisch verfaßte Text ist in zwölf Bücher gegliedert, die sich jeweils mit einem speziellen Gebiet beschäftigen. Für unser Wissen über die aztekische Mythologie sind besonders drei Bücher von Bedeutung: Während das 1. Buch detaillierte Beschreibungen und Illustrationen der wichtigsten Götter enthält, werden im 3. Buch einige der bedeutenderen Mythen dargestellt, darunter die Geburt Huitzilopochtlis und der quasihistorische Bericht über Quetzalcoatl in Tula. Das 3. Buch enthält daneben einen flüchtigen Hinweis auf die Erschaffung der Sonne in Teotihuacan; weit ausführlicher wird dieses Ereignis im 7. Buch behandelt, worin die Himmelserscheinungen und Feierlichkeiten beschrieben sind, die das Ende des 52-Jahre-Zyklus begleiteten.

Darsteller des Gottes Tezcatlipoca, der im Laufe des 20-Tage-Monats Toxcatl geopfert wurde. Abbildung aus dem 2. Buch der Florentiner Handschrift, frühe koloniale Periode

In Neu-Spanien hatten Sahagúns Arbeiten jedoch keineswegs nur Freunde. Mit dem Anbruch der siebziger Jahre des 16. Jahrhunderts teilten schließlich auch Krone und Franziskaner die zunehmend indigenenfeindliche Haltung. Das große Experiment war gescheitert – eine bessere neue Welt war nicht zustande gekommen. Im Gegenteil, die indigene Bevölkerung hatte sich durch eingeschleppte Krankheiten, Zwangsarbeit und überhöhten Abgabeforderungen drastisch dezimiert. Mindestens ebenso beunruhigend waren die sich mehrenden Anzeichen, daß von einer wahren Bekehrung offenbar kaum die Rede sein konnte, denn viele kehrten zu ihrem ›Götzenglauben‹ zurück. Häufig ergab sich dabei eine unheilige Mischung aus Elementen des alten und des neuen katholischen Glaubens. In diesem Licht besehen erschienen religiöse Werke, die in der Sprache der ›Heiden‹ abgefaßt waren, zunehmend als Gefährdung der wahren Bekehrung und sogar als Bedrohung der politischen Stabilität. Philipp II. erließ schließlich 1577 ein königliches Dekret zur Konfiszierung der zweisprachigen Werke Sahagúns. Die erste Fassung der *Historia general* war verlorengegangen, doch eine zweite Abschrift wurde gegen Ende des Jahres 1579 (oder Anfang 1580) nach Spanien gesandt. Es ist fraglich, ob Sahagún jemals erfuhr, was mit seinem Lebenswerk geschah, das bis zu seiner Wiederentdeckung 1779 unterdrückt wurde und in Vergessenheit geriet. Das als Florentiner Handschrift bezeichnete Manuskript wird in der Laurentiana-Bibliothek in Florenz aufbewahrt.

Daneben existiert eine Vielzahl von illustrierten zentralmexikanischen Manuskripten, die unter spanischer Oberaufsicht entstanden und häufig von Künstlern bebildert wurden, die mit prähispanischen Konventionen vertraut waren. Der herrliche Codex Borbonicus, in fast rein aztekischem Stil gehalten, ist wahrscheinlich kurz nach der spanischen Eroberung gemalt worden und diente möglicherweise als Führer zu Kalender und Religion der ansässigen Bevölkerung. Neben wichtigen Texten mit Beschreibungen von Göttern und Ritualen enthalten Manuskripte wie etwa der Codex Magliabechiano, Telleriano-Remensis und Vaticanus A detaillierte Darstellungen von Gewändern und anderen Attributen wichtiger aztekischer Gottheiten. Der Codex Vaticanus A, auch als Codex Ríos geläufig, enthält einen einmaligen Abbildungsteil mit Illustrationen der verschiedenen Ebenen des Himmels und der Unterwelt, einer Version des Fünf-Sonnen-Mythos sowie der mythischen Schlacht zwischen Quetzalcoatl und Tezcatlipoca bei Tollan.

Für das Gebiet der Maya ist von den erhalten gebliebenen Werken wohl die *Relación de las cosas de Yucatán* dasjenige, das der Florentiner Handschrift am ehesten entspricht – wenn es auch nicht so viele Illustrationen enthält. Etwa 1566 von dem Franziskaner Fray Diego de Landa verfaßt, bieten diese Aufzeichnungen ebenfalls einen enzyklopädischen Überblick über Kultur und Gesellschaft einer indigenen Hochkultur: der Tiefland-Maya von Yucatan. In bezug auf Qualität, Inhalt und Umfang reicht dieses Manuskript jedoch bei weitem nicht an das Werk Sahagúns heran. Landa, ein selbsterkorener Bücherverbrenner, schrieb die *Relación* in Spanien, während er seinen Prozeß wegen Anstiftung zu dem berüchtigten Autodafé von Mani erwartete, in dessen Verlauf Tausende von Yucatec-Maya wegen des Verdachts auf Götzenanbetung gefoltert wurden. Ganz sicher war Landa kein objektiver oder gar mit den beobachteten Sitten und Gebräuchen sympathisierender Chronist. Zwar liefern seine Aufzeichnungen wertvolle Informationen über Geschichte, Kalender und Rituale der Yucatec, doch enthalten sie buchstäblich keine mythologischen Bezüge; die einzige Ausnahme von Bedeutung ist ein recht wirrer Hinweis auf die Sintflut. Im Unterschied zu den zentralmexikanischen Texten sind für die Mythologie der Maya leider keine aus der kolonialen Periode stammenden spanischen Texte von Bedeutung erhalten geblieben.

Die für das Herrschaftsgebiet der Maya maßgeblichen kolonialen Quellen wurden von ihnen selbst verfaßt. Als Hilfsmittel zur Bekehrung in Neu-Spanien verwendeten die religiösen Orden das lateinische Alphabet, um die indigenen Sprachen aufschreiben zu können. So leiten sich beinahe alle in diesem Buch verwandten Eigennamen der Götter und heiligen Stätten von ihrer kolonialen Schreibweise her. Diese Orthographie wurde häufig an ausgesuchte, der einheimischen Elite entstammende Jugendliche weitergegeben, die dann als Übermittler kirchlicher Lehren wirkten. Es dauerte jedoch nicht lange, bis die Maya auch ihre eigenen Überlieferungen mittels dieses Schriftsystems fixierten. Dies trifft unter anderem auf das herausragendste religiöse Dokument der Maya zu, das *Popol Vuh* der Quiché des guatemaltekischen Hochlandes. Für das Zentralmexiko des 16. Jahrhunderts ist kein Dokument erhalten, das dem *Popol Vuh* an Bedeutung, Komplexität und Tiefe nur annähernd gleichkäme. Das inzwischen verschollene Originalmanuskript wurde offenbar in der zweiten Hälfte des 16. Jahrhunderts in das koloniale Schriftsystem der Quiché übertragen. Das *Popol Vuh* basiert wahrscheinlich auf einem oder mehreren prähispanischen Büchern, die mit mündlichen Überlieferungen angereichert wurden. Die erhaltene Version des *Popol Vuh* verdanken wir der Arbeit des Dominikaners Fray Francisco Ximénez,

Markttag in Chichicastenango, Guatemala. Im Hintergrund Santo Tomás, die Gemeindekirche des gelehrten Dominikaners Francisco Ximénez, der das Popol Vuh *abschrieb und übersetzte*

der das Manuskript zwischen 1701 und 1703 während eines Aufenthalts in seinem Kirchensprengel in Chichicastenango übertrug und ins Spanische übersetzte. Ximénez beschreibt die Mühsal seines Unternehmens, die alte Kultur der Quiché zu dokumentieren:

> Die Manuskripte wurden von ihnen mit größter Vorsicht verwahrt, mit solcher Heimlichkeit, daß selbst die ältesten Diener der Kirche nichts davon wußten, und diesem nachgehend, gelangte ich zu der Überzeugung, daß sie diese Lehren schon mit der Muttermilch aufsaugen und daß jeder von ihnen sie beinahe auswendig weiß, und ich fand heraus, daß viele dieser Bücher unter ihnen vorhanden waren.

Das Original der Transkription von Ximénez sowie seine Übersetzung ins Spanische befinden sich heute in der Newberry Library in Chicago.

Das *Popol Vuh* ist in drei thematisch verschiedene Komplexe untergliedert: Der erste beschäftigt sich mit den Uranfängen der Welt; der zweite behandelt die mythischen Heldentaten zweier Zwillingspaare sowie den Ursprung des jetzigen Menschengeschlechts und des Mais; der dritte Teil, der die legendäre Geschichte der Quiché ausbreitet, endet schließlich mit einer bis in das Jahr 1550 reichenden Aufzählung von Königen. In den folgenden Ausführungen über die Mythologie der Maya sind wichtige Episoden aus dem ersten und insbesondere dem zweiten Teil wiedergegeben. Durch die Forschungserkenntnisse der letzten Jahre zeichnet sich zunehmend ab, daß die Episode um die Heldenzwillinge und ihren Abstieg in die Unterwelt schon bei den Maya der klassischen Periode, das heißt weit mehr als sechshundert Jahre vor dem spanischen Eroberungszug, bekannt war. Das *Popol Vuh* ist damit also nicht nur eine der wichtigsten Quellen für die nachklassischen Quiché, sondern ebenfalls für die Religion der klassischen Maya.

Neben dem *Popol Vuh* der Quiché des guatemaltekischen Hochlands existiert ein anderes bedeutendes Textkorpus früher Maya-

Mythologie: Texte der Tiefland-Maya der Halbinsel Yucatan. Wie ihre Quiché Zeitgenossen begannen auch die Yucatec der kolonialen Periode das lateinische Alphabet zur Aufzeichnung ihrer Überlieferungen zu benutzen. Das bedeutendste erhaltene Korpus dieser Schriften besteht aus einer Reihe von Büchern, die nach dem indigenen Priester Chilam Balam benannt sind, der die Ankunft der Spanier prophezeit hatte. Die Benennung des jeweiligen Buches setzt sich aus dem Namen des alten Propheten und dem des einstigen Aufbewahrungsortes zusammen. Unter den berühmtesten dieser Manuskripte ist das Buch Chilam Balam von Chumayel und das Buch Chilam Balam von Tizimin, beides Namen von Dorfgemeinschaften, die bis heute in Yucatan existieren. In Quintana Roo in Mexico werden bis zum heutigen Tag in abgelegenen Dörfern Bücher nach der Art des Chilam Balam von traditionellen Schreibern verfaßt.

Wenngleich keines der kolonialen Chilam-Balam-Manuskripte vor dem 18. Jahrhundert datiert wird, enthalten sie häufig Verweise auf Ereignisse der älteren Geschichte und auf Mythen, die wahrscheinlich aus früheren kolonialen Texten oder noch älteren Faltbüchern abgeschrieben wurden. Eine Vielzahl der Texte enthält Weissagungen, die sich auf die wiederkehrenden Zeitzyklen beziehen. Der repetitive Charakter der Zyklen bringt es häufig mit sich, daß Zeiträume sich ineinanderschieben oder überlappen und dieselbe Passage von Ereignissen berichtet, die der prähispanischen, kolonialen, selbst der mythischen Zeit zugeordnet werden können. Wegen der verschlüsselten Art dieser Weissagungen ist es kaum verwunderlich, daß viele dieser Texte rätselhaft und nur schwer zu deuten sind. Immerhin enthalten jedoch drei Texte – in den Büchern von Chumayel, Tizimin und Mani – sehr ähnliche Berichte über eine mythische Flut und die Neuschöpfung der Welt.

Die Azteken der frühen kolonialen Periode fuhren ebenfalls fort, Bücher für den eigenen Gebrauch zu erstellen. Einem aztekischen Führer aus Culhuacan, Don Baltasar, wurde 1539 der Prozeß gemacht, weil er einen eingeborenen Maler mit der Illustrierung seiner Genealogie, die mit dem Heraustreten seiner Vorfahren aus einer heiligen Höhle einsetzte, beauftragt hatte. Bei diesem Dokument handelte es sich hauptsächlich um Abbildungen; doch verfaßten die Azteken auch Schriftstücke in ihrer Sprache Nahuatl, die sich mit der lateinischen Orthographie aufzeichnen ließ. Dies könnte auch auf jenes bemerkenswerte Manuskript zutreffen, das unter dem Namen *Leyenda de los soles* bekannt ist. Ihr Verfasser, der den Text in formelhaftem, archaischem Nahuatl niederschrieb, scheint ein von den Franziskanern ausgebildeter Azteke gewesen zu sein. Ebenso wie die *Historia de los mexicanos por sus pinturas* und das *Popol Vuh* wurde diese Handschrift wahrscheinlich aus einem oder mehreren prähispanischen Dokumenten übertragen. Nach Berichten von dem Ursprung der Welt, des Menschengeschlechts und des Mais wenden sich die Aufzeichnungen der Legende von Quetzalcoatl und Tolan zu, um mit der zeitgenössischen aztekischen Historie zu enden. Da der letzte Abschnitt unvollständig ist, wissen wir nicht, ob das Dokument mit der Aufführung früherer kolonialer Genealogien schloß. Diese Art der Verknüpfung von Genealogien und Mythos wurde, etwa im *Popol Vuh*, oftmals zur Legitimierung oder Aufwertung gewisser Abstammungslinien und Erbrechte eingesetzt.

Die koloniale Praxis der Übertragung und Aufzeichnung einheimischer Überlieferungen nahm nach dem 16. Jahrhundert schlagartig ab. Viele der erwähnten Manuskripte wurden unterdrückt oder vergessen; erst gegen Mitte des 18. Jahrhunderts flammte das Interesse an Glaube und Kultur der indigenen Völker neuerlich auf, und es begann eine wichtige Periode für die Wiederentdekkung früher kolonialer und prähispanischer Manuskripte. Dem Italiener Lorenzo Boturini gelang es bei einer Reise durch Mexiko, eine bedeutende Sammlung prähispanischer und aus dem 16. Jahrhundert stammender Zeugnisse anzulegen. 1744 wurde Boturini des Landes verwiesen und seine Bibliothek von den kolonialen Behörden konfisziert. Obwohl Boturini später in Spanien von allen Vorwürfen freigesprochen wurde, verblieb seine wertvolle Bibliothek in Mexiko, wo sie schließlich aufgelöst wurde.

Im frühen 19. Jahrhundert wurde in der Folge der Unabhängigkeit Mexikos und Guatemalas die Suche nach Manuskripten sogar noch einmal intensiver. Der französische Physiker J. M. A. Aubin sammelte während seines zehnjährigen Mexikoaufenthalts zwischen 1830 und 1840 eine große Anzahl von frühen Zeugnissen, viele davon aus der ehemaligen Sammlung Boturini. Sie wurden nach Frankreich übergeführt, wo sie schließlich in den Bestand der Pariser Bibliothèque Nationale eingingen. Als einer der berühmtesten Entdecker kolonialer Manuskripte gilt jedoch ein anderer Franzose, der exzentrische Abbé Charles Etienne Brasseur de Bourbourg. Dank seines kirchlichen Titels und seiner charmanten Art gelang es ihm, an viele unbekannte oder unveröffentlichte Manuskripte in Mexiko, Guatemala und Spanien heranzukommen. Obwohl Carl Scherzer die erste spanische Fassung des *Popol Vuh erst* 1857 veröffentlicht hatte, wurde diese bereits 1861 von der in Quiché und Französisch herausgebrachten Fassung Brasseur de Bourbourgs in den Schatten gestellt. Tatsächlich stammt der mittlerweile weitverbreitete Gebrauch des Titels *Popol Vuh* von der französischen Ausgabe. Während eines Spanienaufenthalts im Jahr 1863 hatte Brasseur das große Glück, auf Diego de Landas *Relación de las cosas de Yucatán* zu stoßen. 1866, also einige Jahre später, entdeckte er außerdem einen bedeutenden Teil der prähispanischen Madrider Maya-Handschrift. Obgleich Brasseur sich viel darauf zugute hielt, auch den Codex Chimalpopoca entdeckt zu haben, der die *Leyenda de los soles* enthält, war dieser zuvor schon Bestandteil der Sammlung Boturini gewesen und von Aubin übertragen und übersetzt worden.

Mit vollem Recht wird Brasseur de Bourbourgs unermüdlicher Eifer bei der Suche nach seltenen Manuskripten hoch gelobt, doch seine oft phantastisch anmutenden Interpretationen wurden weder von seinen Zeitgenossen noch von nachfolgenden Forschern ernst genommen. Er war überzeugt, daß die prähispanischen Manuskripte verschlüsselte Hinweise auf apokalyptische geologische Ereignisse und auf Atlantis enthielten. Über den Kommentar des Abbé zu dem Troano-Fragment der Madrider Handschrift bemerkte Daniel Garrison Brinton, ein renommierter Linguist des 19. Jahrhunderts:

> Fast erscheint es mir schmerzlich, daß man auch nicht ein Wort zugunsten der von ihm vertretenen Ansichten sagen kann. [...] Sie sind dermaßen phantastisch, daß wir uns beinahe fürchten müssen, sie wiederzugeben.

Obgleich sich die meisten Deutungen Brasseur de Bourbourgs mit der Zeit als unhaltbar erwiesen haben, gebührt ihm doch bleibende Anerkennung für seine Bemühungen um eine beachtliche Anzahl von wichtigen Manuskripten, auf die er aufmerksam machte und die er zur Veröffentlichung brachte.

Für die Erforschung der mesoamerikanischen Religion im 19. Jahrhundert bedeutete die systematische Veröffentlichung wichtiger Faltbücher einen weiteren, großen Schritt. Von 1831 bis 1846 veröffentlichte der Ire Edward King, Viscount of Kingsborough, seine berühmte Serie *Antiquities of Mexico,* was ihn 32000 Pfund kostete. Die neun umfangreichen Bände waren mit aufwendigen, von Agostino Aglio angefertigten farbigen Kopien aus englischen und mitteleuropäischen Handschriften, darunter des Codex Borgia, Dresden und Vindobonensis, ausgestattet. Seine Bemühungen brachten Lord Kingsborough jedoch wenig Glück; er landete im Schuldturm, wo er 1837 an Typhus starb.

Neben den Manuskripten der prähispanischen und frühen kolonialen Periode sind Skulpturen und Keramik wichtige Quellen für das Verständnis der Mythologie der Maya und Azteken. In der frühen kolonialen Periode galten prähispanische Steinbildnisse jedoch als teuflische Machwerke und als Gefahr für eine wahre Bekehrung. So brüstete sich 1531 etwa der Bischof von Neu-Spanien, Juan de Zumárraga, mit der Zerstörung von 20000 ›Götzenbildern‹. Glücklicherweise blieben viele Statuen erhalten, indem man sie entweder in Höhlen oder im Gebirge versteckte oder sogar unter den Fundamenten von Mexiko City vergrub. Unter dem zentralen Platz dieser Stadt entdeckte man 1790 zwei dort versenkte mächtige Steinmonumente. Nach mehr als zweihundert Jahren kolonialer Herrschafts- und Bekehrungspraxis hatten die steinernen Zeugnisse indigener Religion offenbar ihre Bedrohlichkeit verloren. Statt sie zu zerstören, wurden der aufgefundene

Kalenderstein und die Coatlicue-Abbildungen zu Objekten nicht nur rein wissenschaftlicher Neugier. 1792 veröffentlichte León y Gama eine detaillierte Untersuchung der beiden Steinplastiken, die heute als Ecksteine des Museo Nacional de Antropología in Mexiko City zu sehen sind.

Im Herrschaftsgebiet der Maya war die produktivste Zeit für die Schaffung von Steinmonumenten die klassische Periode, lange vor der spanischen Eroberung. Da die meisten der klassischen Mayastädte verlassen im Dschungel lagen, weitab von den kolonialen Besatzungszentren, blieben sie bis gegen Ende der kolonialen Periode, als man zu erforschen und auszugraben begann, zumeist unentdeckt oder unbeachtet. José Antonio Calderón berichtet 1748 von der klassischen Fundstätte Palenque, die in der Folge auch von Antonio del Río, Guillermo Dupaix und anderen Forschern der spätkolonialen Periode besucht wurde. Doch riefen erst die Arbeiten von John Lloyd Stephens und Frederick Catherwood ein weltweites Interesse an der Lebenswelt der klassischen Maya hervor. Zwischen 1839 und 1842 bereisten Stephens und Catherwood weite Teile des alten Mayagebiets und veröffentlichten zwei ausführliche Reiseberichte. Durch Stephens' außerordentlich lebendige und spannende Darstellungen und die hochwertigen Illustrationen Catherwoods gewannen die beiden Bände schnell an Beliebtheit und legten den Grund für eine neue Generation von Forschern und Entdeckern.

In der zweiten Hälfte des 19. Jahrhunderts verdienen die Bemühungen Alfred P. Maudslays und Teobert Malers um die Entdeckung und Dokumentierung von Maya-Monumenten besondere Beachtung. Selbst ein Jahrhundert später gelten ihre Veröffentlichungen noch immer als maßgebliche Quellen für das Studium von Schrifttum und Religion der Maya. Von Stephens' Arbeiten angeregt, war der Engländer Alfred Maudslay 1881 zum erstenmal in das Gebiet der Maya gereist. In den folgenden Jahren bis 1894 besuchte er Copan, Quirigua, Palenque, Chichen Itza und andere Grabungsstätten, wo er viele Steinmonumente photographierte und eine große Zahl Gipsabdrücke anfertigte. 1889 begann die Publikation seiner Photographien, begleitet von den vorzüg-

lichen Zeichnungen Annie Hunters; das letzte seiner Werke erschien 1902 unter dem Titel Archaeology: *Biologia Centrali-Americana*. Teobert Maler, ein naturalisierter Österreicher, hatte Mexiko 1865 als Soldat in der Armee des unglücklichen Kaisers Maximilian kennengelernt. Von den achtziger Jahren an dokumentierte Maler Ruinen und Skulpturen durch Notizen, Karten, Zeichnungen und insbesondere durch hervorragende Photographien, wobei er sich monatelang unter den widrigsten Umständen durch unwegsamen Dschungel und dorniges Gelände schlug. Die einzige

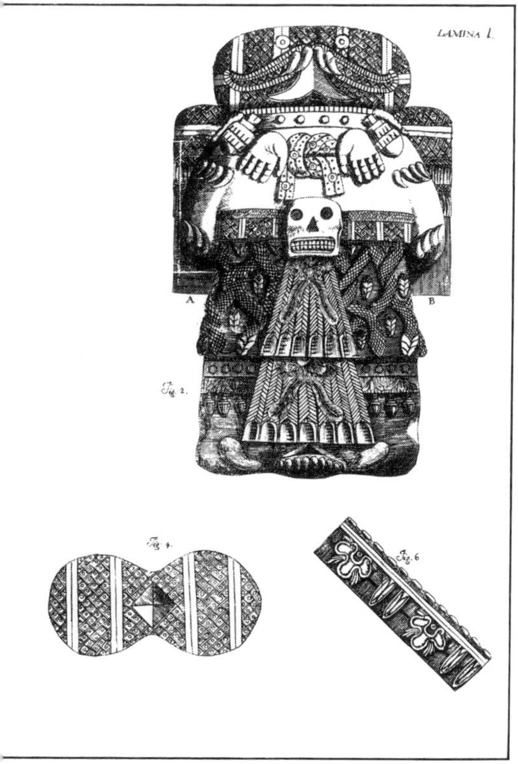

Abbildungen der Coatlicue-Skulptur von León y Gama, zuerst veröffentlicht 1792

institutionelle Unterstützung, die er jemals erhielt, kam vom Peabody Museum der Harvard University, die zwischen 1901 und 1911 eine Reihe von Monographien mit Beschreibungen seiner Exkursionen in das südliche Maya-Tiefland herausbrachte. Bedauerlicherweise ist ein großer Teil von Malers Arbeiten unveröffentlicht geblieben; als er 1917 verbittert starb, wurde er von den meisten der jüngeren Erforscher der Maya-Kultur nicht beachtet.
Mit der Veröffentlichung von Steinskulpturen und architektonischen Fragmenten begann man im späten 19. Jahrhundert auch

archäologische Funde in das Studium der prähispanischen Handschriften und kolonialen Texte mit einzubeziehen. Einer der fähigsten Köpfe auf diesem Gebiet war Ernst Förstemann, Oberbibliothekar der Dresdner Königlichen Öffentlichen Bibliothek und Verwahrer des Maya-Codex Dresden. Seine bahnbrechenden Untersuchungen dieser Handschrift und anderer Manuskripte erbrachten fundamentale Einsichten in Kalendersystem, Mathematik und Schrift der alten Maya. Vor allem jedoch gaben sie Aufschluß über das für die Lange Zählung grundlegende Datum des 4 Ahau 8 Cumku, das offenbar ein mythisches Ereignis von größter Bedeutung markiert. Förstemanns Pionierarbeit ist es zu verdanken, daß Joseph Goodman und andere das Jahr 3114 v. Chr. als das Ausgangsdatum für den gegenwärtigen Zyklus der Langen Zählung ermitteln konnten. Die Analyse des Systems der Langen Zählung zeigte außerdem, daß der größte Teil der Städte und Statuen der Maya weit vor der späten postklassischen Periode und dem Kontakt mit den Spaniern datiert.
Auf dem Feld von Schrifttum und Kunst des alten Mexiko gilt ein Zeitgenosse Förstemanns, der 1884 in Preußen geborene Eduard Georg Seler, als einer der brillantesten und produktivsten Gelehrten. Zu einem enzyklopädischen Wissen über Quellen und Lebenswelt der indigenen Hochkulturen verfügte er über ein scharfes Auge und eine gute Kombinationsgabe, durch die ihm viele bedeutende Bestimmungen in alten Handschriften und auf Steinplastiken gelangen. Obgleich Seler erfolgreich über Kultur und Religion der alten Maya arbeitete, ist er hauptsächlich für seine Untersuchungen zu zentralmexikanischen Handschriften, insbesondere der Borgia-Gruppe, bekannt. Selers Forschung wurde von dem reichen Amerikaner Joseph Florimond, der den päpstlichen Titel eines Duc de Loubat trug, großzügig unterstützt. Da Florimond nicht nur die Veröffentlichung zuverlässiger Faksimiles von illustrierten alten und frühkolonialen Handschriften am Herzen lag, sondern auch deren wissenschaftliche Analyse und Deutung, richtete er 1899 einen Lehrstuhl für Seler an der Berliner Humboldt-Universität ein. Dank Florimonds Unterstützung konnte Seler bedeutende Kommentare zu vier Faltbüchern publi-

zieren, dem Aubin Tonalamatl, Fejérváry-Mayer, Vaticanus B und schließlich dem Codex Borgia, auf den sich sein letzter und glänzendster Kommentar bezieht. Viele Aufsätze Selers sind in fünf Bänden seiner *Gesammelten Abhandlungen zur Amerikanischen Sprach- und Altertumskunde* abgedruckt.

Eine weitere bedeutende Periode des Studiums der aztekischen Sprache und Kultur in Mexiko fiel in die Regierungszeit von Porfirio Diaz im späten 19. und frühen 20. Jahrhundert. Aus dieser Zeit stammt eine Vielzahl sorgfältig edierter, luxuriös ausgestatteter Bände über Sprache und Kultur der Azteken, darunter viele Werke von Joaquín García Icazbalceta. Einer der renommiertesten mexikanischen Gelehrten auf diesem Gebiet, der viele wichtige Arbeiten über die aztekische Religion verfaßte, war Francisco del Paso y Troncoso, der unter anderem mit großer Fertigkeit aus dem klassischen Nahuatl übersetzte. 1899 veröffentlichte er eine kommentierte Faksimileausgabe des bedeutendsten aztekischen Faltbuches, des Codex Borbonicus. Sein Hauptinteresse galt jedoch dem enormen Korpus des von Sahagún gesammelten Materials. Auf der Suche nach aztekischen Zeugnissen aus dem 16. Jahrhundert durchkämmte Paso y Troncoso die Bibliotheken Europas und arbeitete zwischen 1892 und 1916 in Madrid und Florenz, ohne auch nur einmal nach Mexiko zurückzukehren. Leider verhinderte das Zusammenwirken mehrerer historischer und biographischer Faktoren, darunter die mexikanische Revolution, der Ausbruch des Ersten Weltkriegs und Paso y Troncosos starrköpfiges Beharren auf ausführlichen Anmerkungen, eine angemessene Veröffentlichung vieler seiner Arbeiten.

In der ersten Hälfte des 20. Jahrhunderts machte die Erkundung der aztekischen Religon weiterhin Fortschritte; zu den prominenteren Vertretern zählten ehemalige Schüler Selers, wie etwa Walter Lehmann und Walter Krickeberg. Auch Hermann Beyer, ebenfalls ein deutscher Wissenschaftler, war von der Methode und den Ergebnissen Selers nachhaltig beeinflußt worden. Ein Schüler Beyers, der Mexikaner Alfonso Caso, wurde dann zu einem der größten Archäologen Mesoamerikas im 20. Jahrhundert, Experte für Schrifttum, Religion und Kalendersysteme des mexikanischen Hochlands.

Gegen Ende der Regierungszeit von Porfirio Diaz waren archäologische Ausgrabungen in vielen Gegenden Mexikos in vollem Gang. Eine der ersten kontrollierten Ausgrabungen wurde 1909 unter der Leitung von Manuel Gamio, einem Schüler des berühmten amerikanischen Antropologen Franz Boas, begonnen. 1922 veröffentlichte Gamio eine umfangreiche Arbeit über die Grabungsstätte und das gegenwärtige Teotihuacan, die einen Bericht über die Ausgrabung des berühmten Tempels Quetzalcoatls enthielt. Doch waren die Kenntnisse über die zeitliche Abfolge und das Verhältnis zwischen Azteken, Tolteken und Teotihuacan noch ungenügend, so daß Teotihuacan über viele Jahre als das sagenhafte Tollan der aztekischen Legende galt. 1941 gelang es dem Ethnohistoriker Wigberto Jiménez Moreno schließlich zu belegen, daß es sich bei Tula um das wahre Tollan der Tolteken handelt. Damit wurde es möglich, die Entwicklungsabfolge der zentralmexikanischen Hochkulturen, von Teotihuacan über Tula bis schließlich zu den Azteken, zu bestimmen.

1978 entdeckte man in Mexiko City im Zentrum der alten aztekischen Hauptstadt Tenochtitlan ein stattliches Steinmonument, das die erschlagene Göttin Coyolxauhqui darstellt. Dieses Monument bezeichnete den Sockel für den heiligsten Zeremonialbau der Azteken, den direkt im Mittelpunkt des aztekischen Universums errichteten mächtigen Templo Mayor. Bei folgenden Ausgrabungen unter der Leitung von Eduardo Matos Moctezuma zwischen 1978 und 1982 wurden die Grundmauern des Templo Mayor freigelegt. Die Statue und die aufgefundenen reichen Opfergaben bestätigen koloniale Zeugnisse, nach denen die Nordseite des Doppeltempels Tlaloc, dem Regen- und Blitzgott, der Südtempel Huitzilopochtli, dem Schutzgott der Azteken, geweiht war. Während der Tempel Tlalocs einen nährenden Wasserhügel symbolisiert, repräsentiert die südliche Hälfte den Coatepec, jenen Berg, auf dem der neugeborene Huitzilopochtli Coyolxauhqui und ihre vierhundert Brüder erschlug. Kein anderes archäologisches Projekt Mesoamerikas hat derart unmittelbar mehr zu unserem Wissen über die in-

digene Mythologie beigetragen. Die reichen Grabungsfunde des Templo-Mayor-Projekts haben auf diese Weise nicht nur Kunstwerke, sondern auch Mythen der Azteken ans Licht gebracht.
In der ersten Hälfte unseres Jahrhunderts spielte die Carnegie Institution of Washington eine leitende Rolle in der Maya-Archäologie. Mit der Unterstützung des Instituts wurden bedeutende Forschungsprojekte in Kaminaljuyu, Uaxactun, Chichen Itza und an weiteren Maya-Fundstätten durchgeführt. Zu den prominentesten mit dem Institut verbundenen Wissenschaftlern gehörte Sir J. Eric S. Thompson, der die Forschung über Schrifttum und Religion der alten Maya in diesem Jahrhundert lange Zeit entscheidend geprägt hat. Wie Seler nutzte Thompson sein umfangreiches Wissen über die zentralmexikanische Religion zur Interpretation von Schriften und Kunst der Maya, wobei er die Bedeutung der neueren ethnographischen Forschung für das Studium der prähispanischen Religion der Maya erkannte.
Bei der Entzifferung von Maya-Glyphen stützten sich Thompson und seine Zeitgenossen hauptsächlich auf die epigraphischen Erkenntnisse Förstemanns. Man nahm an, daß das Schrifttum der Maya hauptsächlich astronomische Gegebenheiten und Kalenderberechnungen mit wenig Bezug auf historische oder mythische Ereignisse enthielt. Doch mit dem Durchbruch auf dem Feld der Epigraphik, der Heinrich Berlin und Tatiana Proskouriakoff in den frühen sechziger Jahren gelang, erfuhr diese These eine einschneidende Revision. Berlin und Proskouriakoff konnten gültig belegen, daß das Schrifttum der klassischen Maya nicht nur aus Kalenderberechnungen bestand, sondern historische Hinweise auf Geburten, Erbfolge, Heirat, Krieg und andere Ereignisse enthielt. Dabei bezogen sich die Berichte über solche Ereignisse nicht nur auf die Sphäre der Menschen, sondern auch auf die Götter aus fernster Vergangenheit.
Etwa gleichzeitig mit den Entdeckungen Berlins und Proskouriakoffs vollzog sich eine weitere umwälzende Veränderung auf dem Feld der Maya-Schrift. Seit den fünfziger Jahren vertrat der russische Wissenschaftler Juri Knorosow die These, daß es sich bei der Schrift der alten Maya um eine phonetische Silbenschrift handeln

müsse. Zwar stand Thompson dieser Auffassung äußerst kritisch gegenüber, andere Wissenschaftler begannen jedoch, die von Knorosow eingeschlagene Richtung weiter zu verfolgen. Inzwischen gilt es als gesichert, daß die Schrift der alten Maya tatsächlich stark phonetische Züge aufweist. Die Entzifferung von Zeugnissen der alten Maya macht auch weiterhin rasche Fortschritte, und von Jahr zu Jahr werfen neue Texte mehr Licht auf Götternamen, mythische Ereignisse und andere Aspekte des kultischen Lebens.

Obgleich auch Bauten und Statuen der klassischen Maya Hinweise auf Götter und Mythen enthalten, ist ein anderes Medium die eigentliche Quelle für die Überlieferung der Mythologie der Maya: kunstvoll bemalte oder mit Gravuren versehene Keramiken. Viele dieser Gefäße wurden im Verlauf von offiziellen Ausgrabungen von Königsgräbern gefunden, doch tauchte in den sechziger Jahren auf dem Kunstmarkt plötzlich ein großes Kontingent von Maya-Keramiken auf, die aus Grabplünderungen stammten. Unvermittelt sah man sich einem beträchtlichen, aber kaum verstandenen Korpus kunstvoller narrativer Szenen gegenüber. 1973 entwickelte der Archäologe Michael D. Coe die These, daß ein Großteil der Abbildungen auf den Keramikgefäßen eine ältere Version des *Popol Vuh* der Quiché repräsentiere, vor allem die detaillierten Abbildungen der Unterweltreise zweier Zwillingspaare. Trotz einiger geringer Modifikationen dieser These in den folgenden Jahren ist es inzwischen unumstritten, daß eine Version der im *Popol Vuh* erzählten Schöpfungsgeschichte schon unter den Maya der klassischen Periode kursierte und daß sich viele der entsprechenden Episoden auf zeitgenössischen Maya-Keramiken abgebildet finden.

Dank Sahagún und anderen Chronisten des 16. Jahrhunderts sind die Rituale und Mythen der Azteken hervorragend dokumentiert, so daß derselbe Mythos häufig durch verschiedene Quellen belegt ist. Auch das zentralmexikanische Material wird schon seit über einem Jahrhundert von gut ausgebildeten Spezialisten der aztekischen Kultur erforscht. Das Studium der frühen Maya-Hochkultur steckt dagegen immer noch in den Kinderschuhen. Außer dem

Maya-Vase mit übernatürlichen Wesen. Späte klassische Periode, etwa 7. Jh. v. Chr.

Popol Vuh existieren nur wenige mythologische Texte, die der Periode der kolonialen Kontakte entstammen. Hinzu kommt, daß die Entzifferung der alten Schriften noch immer in vollem Gang ist und ständig neue Texte und Episoden entdeckt werden. Doch schon auf dem gegenwärtigen Forschungsstand können uns prähispanische Texte und Kunstgegenstände viel über die Mythen der alten Maya erzählen, einschließlich jener Mythen, die gar nicht in den kolonialen Zeugnissen auftauchen. Das hochentwickelte Schrifttum und die kunstvolle Ikonographie der frühen Maya erlauben es uns, einen Blick auf eine einmalige religiöse Vorstellungswelt zu werfen, die schon über tausend Jahre vor der Berührung mit den spanischen Eroberern existierte.

Die Mythologie der Azteken

Im Jahre 1524, knapp drei Jahre nach der Eroberung Mexikos, fand zwischen einer Gruppe aztektischer Gelehrter und den ersten Franziskanermissionaren, die in der neu gegründeten Hauptstadt Mexiko City eingetroffen waren, eine aufschlußreiche Unterredung statt, in deren Verlauf die Azteken ihren Glauben mit den folgenden Worten verteidigten:

> Ihr sagtet, wir wüßten nichts von dem Herrn der Nähe, dem alle Regionen des Himmels und der Erde gehören. Ihr sagtet, unsere Götter seien keine wahren Götter. Neu sind uns die Worte, die ihr sprecht. Ihretwegen sind wir verstört, ihretwegen in Sorge. Denn unsere Ahnen, die vor uns auf der Erde lebten, sprachen nicht so. Von ihnen haben wir unsere Lebensweise übernommen, an die sie sich in Wahrheit hielten; in Ehrfurcht gedachten sie unserer Götter und hielten sie in Ehren.

Dieses bemerkenswerte Gespräch, aufgezeichnet von Fray Bernardino de Sahagún, belegt einen ersten Austausch zwischen zwei grundverschiedenen religiösen Vorstellungswelten, die sich über Jahrtausende hinweg unabhängig voneinander entwickelt hatten.

Für die Azteken bildet der Dualismus komplementärer Gegensätze und Konflikte den Ursprung der Schöpfung. Der eigentlich schöpferische Akt besteht für sie – ähnlich wie in einem fruchtbaren Gespräch – in Austausch und Wechselwirkung von Entgegensetzungen. Die Vorstellung von einander bedingenden Gegensät-

Quetzalcoatl, die gefiederte Schlange. Der mit Federn besetzte Schlangenleib entrollt sich auf der Rückseite (rechts). Eine Sonnenscheibe umrahmt das menschliche Antlitz Quetzalcoatls (links); möglicherweise ist er hier als Windsonne oder Nahui Ehecatl

dargestellt, die zweite Schöpfung in der Kosmogonie der Azteken. Aztekische Steinplastik, späte postklassische Periode

zen wird von dem großen Schöpfergott **Ometeotl**, dem Gott der Zweiheit, verkörpert, der in dem obersten der dreizehn Himmel von Omeyocan, der Stätte der Zweiheit, residiert. Ometeotl vereint in seiner Person sowohl das männliche als auch das weibliche Schöpferprinzip und wurde auch als göttliches Schöpferpaar Tonacatecuhtli und Tonacacihuatl, Herr und Herrin unserer Lebenskraft, verehrt. Obgleich Ometeotl als Ursprung der gesamten Schöpfung gilt, ist es Aufgabe seiner/ihrer Nachkommen – machtvoller, doch nicht allmächtiger Gottheiten –, die eigentlich materielle Schöpfung ins Leben zu rufen. Da die Menschen wiederum Nachkommen dieser jüngeren Götter sind, entspricht Ometeotl etwa unseren Großeltern. Vielleicht um das ehrwürdige Alter und den vorzeitlichen Ursprung dieser obersten Gottheit zu betonen, wird Ometeotl häufig als greisenhaftes Wesen mit herabhängender Kinnlade dargestellt. Dabei setzten die Völker Mesoamerikas das Alter gewöhnlich keineswegs mit Schwäche gleich, im Gegenteil, für sie gewann ein Individuum mit zunehmendem Alter an Lebenskraft.

In der aztektischen Schöpfungsmythologie spielen vor allem zwei Kinder Ometeotls, **Quetzalcoatl** und **Tezcatlipoca**, eine besondere Rolle. Wechselweise Verbündete und Gegner, erschaffen sie gemeinsam Himmel und Erde. Quetzalcoatl, die gefiederte Schlange, steht für Wasser, Fruchtbarkeit und schließlich für das Leben selbst; ein Aspekt Quetzalcoatls ist Ehecatl, der Windgott, der sich im Atem aller lebenden Geschöpfe und im Hauch des Windes, der die befruchtenden Regenwolken bringt, manifestiert. Während Quetzalcoatl weitgehend als Wohltäter und kulturschaffender Heldengott verehrt, mit Ausgewogenheit, Harmonie und dem Leben selbst gleichgesetzt wird, repräsentiert Tezcatlipoca Konflikt, Unstetigkeit und Veränderung. Zu den vielen aztekischen Beinamen dieses erhabenen Wesens gehören etwa ›der Gegenspieler‹ oder ›der, dessen Sklaven wir sind‹. Der Name Tezcatlipoca bedeutet soviel wie ›rauchender Spiegel‹, und auf typischen Darstellungen ist Tezcatlipoca mit einem rauchenden Obsidianspiegel auf dem Hinterkopf und einem weiteren anstelle eines Fußes abgebildet. Der Rauch des Spiegels könnte auf den schwarzen Obsidian verweisen, symbolisiert aber sicher auch die mysteriöse, sich hinter dem Rauchschleier ständig wandelnde Natur dieses Gottes.

Eine Vielzahl weiterer Gottheiten bevölkert das Pantheon der Azteken, darunter Götter und Göttinnen des Landbaus, des Feuers, der Freuden und der Liebe, des Todes, Krieges und der Gestirne. Viele von ihnen wurden über weite Strecken der postklassischen Periode in ganz Mexiko verehrt, so daß sie nicht nur in aztekischen Handschriften und Skulpturen in Erscheinung treten, sondern auch in den fünf prähispanischen Büchern der Borgia-Gruppe. Die Existenz des fast überall verehrten **Tlaloc**, des Regen- und Blitzgottes, läßt sich in Zentralmexiko sogar bis ins 1. Jahrhundert v. Chr. zurückverfolgen. In der späten nachklassischen Periode wird er meist mit brillenähnlicher Augenumrandung sowie einer stark betonten Oberlippe und Jaguarzähnen dargestellt. Seine Gemahlin **Chalchiuhtlicue**, ›die mit dem Jaderock‹, ist die Göttin der Flüsse und stehenden Gewässer. Den jugendlichen Maisgott **Cinteotl** kennzeichnet häufig eine unterbrochene, sein Gesicht durchziehende Linie und ein mit Maiskolben verzierter Kopfputz. Einer der bemerkenswertesten Fruchtbarkeitsgötter ist **Xipe Totec**, der Gott frühlingshafter Erneuerung und Schutzpatron der Goldschmiede. Er ist leicht anhand seiner Maske und des Gewandes aus abgezogener Menschenhaut zu identifizieren; während des zwanzig Tage dauernden aztektischen Monats Tlacaxipehualitzli wurde der Gott von Männern verkörpert, die die abgezogene Haut von Kultopfern trugen. Die genaue Bedeutung dieses Ritus ist ungewiß; mitunter wird die menschliche Haut als das die Erde im Frühling von neuem überziehende frische Grün der Vegetation gedeutet.

Mehrere Gottheiten werden mit dem Feuer in Verbindung gebracht, die älteste von ihnen ist **Huehueteotl**, der Alte Gott, dessen Abbildung sich schon 500 v. Chr. auf Weihrauchgefäßen in Puebla findet. Ein anderer bedeutender Gott ist **Xiuhtecuhtli**, Herr des Türkis, Gott der Zeit und Schutzpatron des Herrschertums.

Andere zentralmexikanische Götter repräsentieren sinnliche Freuden und sexuelle Lust. **Xochipilli**, der Blumenprinz, hat vieles mit dem Maisgott gemein und galt als Schutzpatron der irdischen Freuden und Künste. Xochipilli ist ebenfalls nahe mit **Macuilxochitl**, Fünf-Blume, verwandt, einem Gott der Spiele, insbesondere des Glücksspiels. Die liebliche Göttin **Xochiquetzal**, oder Blumen-Quetzal, trägt zumeist ein blumengeschmücktes Stirnband, aus dem zwei hörnerähnliche Federbüsche des smaragdgrünen

Chalchiutlicue, die aztekische Göttin der stehenden Gewässer, und die Wassersonne, Nahui Atl. Codex Borbonicus, S. 5 (Detail), frühkolonial aztekisch

Quetzal hervorragen. Sie ist die Göttin der Künste, der sinnlichen Genüsse und leidenschaftlichen Liebe. Die Schmutzgöttin **Tlazolteotl** wird mit den Folgen von Ausschweifung und sexueller Lust in Verbindung gebracht. Einer ihrer Namen, Tlaelquani oder ›Exkrementfresserin‹, drückt ihre Zuständigkeit für den Bereich von Reue und Reinigung aus. Der dunkle Rand um ihren Mund deutet wahrscheinlich auf diese – alles andere als angenehme, doch notwendige – Aufgabe hin. Der wichtigste Totengott ist **Mict-**

Die Vernichtung der Windsonne und die Verwandlung der Menschen in Affen. In der oberen Hälfte der Abbildung erscheint Quetzalcoatl als Windsonne in einem von Strahlen umgebenen Sonnensymbol. Codex Vaticanus a, fol. 6ʳ (Detail), frühe koloniale Periode

lantecuhtli, Herr von Mictlan, des düsteren Totenreichs. Er erscheint als Skelett mit papierener konischer Kopfbedeckung so wie weiteren Gewändern aus Papier und wurde häufig in Begleitung seiner Gemahlin **Mictlancihuatl** dargestellt.
Die Sonne, die Venus, Sterne, Planeten, die Milchstraße und andere Gestirne werden von einer Vielzahl von Gottheiten verkörpert. Da man die Bewegungen der Gestirne und andere Himmelserscheinungen als kosmische Kämpfe auffaßte, liegt es nahe, daß viele dieser Götter mit dem Krieg assoziiert wurden. **Tlahuizcalpantecuhtli**, Herr der Morgenröte, Personifikation der morgendlichen Venus, galt als einer der grimmigsten. Im alten Mesoamerika war das erste Erscheinen des Morgensterns sehr gefürchtet, da man glaubte, sein Licht könne zu schweren Verletzungen führen. Einige Handschriften der Borgia-Gruppe enthalten komplizierte astronomische Tabellen, die die Zyklen der Venus für eine etwa 104 Jahre umfassende Zeitspanne voraussagen. In diesen Szenen sehen wir Tlahuizcalpantecuhtli, der seine Feuerstrahlen mit einer Speerschleuder in alle Richtungen schießt. **Mixcoatl**, Wolkenschlange, ist ein anderer Sternengott, der als Herr der Milchstraße die Seelen der Krieger repräsentiert, die sich nach ihrem Tod in Sterne verwandeln. Sein Körper ist meist mit den gleichen weißen und roten Streifen bemalt, durch die man Kriegsgefangene, die als Kultopfer vorgesehen waren, kennzeichnete. Einer der bedeutendsten himmlischen Götter ist **Tonatiuh**, die Sonne. Er taucht zuerst in der Kunst der frühen postklassischen Toltekten auf und wird meist als waffenschwingender Krieger in einer von Strahlen umgebenen Sonnenscheibe dargestellt. Trotz seiner zentralen Bedeutung für den Kriegskult, dessen vordringlichste Funktion in der Beschaffung von Kriegsgefangenen und damit Herzen für die Sonne bestand, war Tonatiuh nicht der einzige Kriegs- und Sonnengott der Azteken.

Die Erschaffung von Himmel und Erde

Wie die Maya und andere mesoamerikanische Völker glaubten auch die Azteken an die Existenz mehrerer Welten. Für sie waren vier Welten oder ›Sonnen‹ der unseren vorausgegangen, von denen jede mit einem Datum aus dem 260-Tage-Zyklus bezeichnet und mit einer bestimmten Gottheit und Menschenrasse assoziiert wurde. Neben dem Kalendernamen ordnete man jeder der Sonnen eines der vier Elemente zu: Erde, Wind, Feuer oder Wasser. Das jeweilige Element bezeichnet dabei nicht nur die Natur und Zusammensetzung der entsprechenden Schöpfung, sondern auch die Art und Weise ihres Untergangs. So wird etwa die Erdsonne, Nahui Ocelotl (Vier Jaguar), von Jaguaren vernichtet, die in engem Zusammenhang mit Erde und Unterwelt gesehen wurden. Tezcatlipoca und Quetzalcoatl sind in allen vier Welten oder Sonnen von hervorragender Bedeutung; es scheint, als entstünden die vielfältigen schöpferischen und zerstörerischen Akte überhaupt erst durch den kosmischen Widerstreit dieser mächtigen Antagonisten. Neben plastischen Darstellungen dieses Mythos aus präkolumbianischer Zeit finden sich in verschiedenen kolonialen Quellen mehr als zehn weitere Versionen. Die kolonialen Zeugnisse stimmen zwar nicht in der Abfolge der Sonnen überein, doch zwei der frühesten und wichtigsten Quellen, die *Historia de los mexicanos por sus pinturas* und die *Leyendas de los soles*, weisen die gleiche Reihenfolge auf wie die aztektischen Monumente. Die folgende Version fußt auf diesen beiden Quellen.

Im dreizehnten Himmel bringt das Schöpferpaar vier Söhne zur Welt: zuerst den roten, dann den schwarzen Tezcatlipoca – der, obwohl nicht der Erstgeborene, später als Tezcatlipoca in den aztekischen Mythen eine so wichtige Rolle spielt –; ihm folgt Quetzalcoatl als dritter und Huitzilopochtli, der Stammesgott der Azteken, als vierter Sohn. Gemeinsam erschaffen die vier Brüder Feuer, Erde, Meer und Unterwelt, die Himmel, das erste Menschenpaar und den heiligen Kalender. Der Schwarze Tezcatlipoca herrscht über die erste Welt, Erdsonne, die von Riesen bevölkert wird. Diese sind so stark, daß sie Bäume mit den bloßen Händen

ausreißen können. Doch dann stößt Quetzalcoatl Tezcatlipoca mit einem Stab ins Meer. Als Tezcatlipoca dem Ozean entsteigt, verwandelt er sich in einen gewaltigen Jaguar – auch heute noch in dem Sternbild Großer Bär zu erkennen –, bei dessen Rückkehr sich eine Horde wütender Jaguare auf das Volk der Riesen stürzt und es mit Haut und Haaren verschlingt. Eine frühe Quelle legt nahe, daß die Azteken die bei Tenochtitlan gefundenen fossilen Überreste von Mammuts und anderen großen Tieren für Gebeine dieser alten Rasse hielten.
Über die nächste Schöpfung, Windsonne, herrscht Quetzalcoatl. Diese Welt wird von Tezcatlipoca vernichtet, indem er Quetzalcoatl zu Boden tritt, worauf dieser mitsamt seinem Menschengeschlecht von mächtigen Winden ergriffen und davongetragen wird. Die Nachkommen dieser frühen Menschenrasse sind die Affen des Dschungels, die sich hoch oben in den Wipfeln von Baum zu Baum schwingen. Die *Leyenda de los soles* beschreibt dieses Ereignis folgendermaßen:

> Diese Sonne heißt Vier Wind.
> Jene, die unter dieser Sonne lebten, trug der Wind davon. Unter der Sonne Vier Wind war es, da sie alle verschwanden. Der Wind trug sie fort. Sie verwandelten sich in Affen. Ihre Häuser, ihre Bäume – alles trug der Wind davon. Selbst diese Sonne blies der Wind fort.

Der Regengott Tlaloc ist der Herrscher über die nächste Schöpfung, die Regensonne. Diese Welt wird von Quetzalcoatl durch einen Feuerregen vernichtet – wahrscheinlich ein Hinweis auf den in Zentralmexiko vorkommenden vulkanischen Ascheflug. Der Feuerregen verwandelt diese Menschen in Truthähne. Tlalocs Gattin Chalchiuhtlicue, ›die mit dem Jaderock‹, Göttin der Flüsse und stehenden Gewässer, wird schließlich Herrin über die vierte, die Wassersonne. Eine große Flut ist der Untergang dieser Welt, und ihre Menschen werden zu Fischen. Die Flut ist so gewaltig, daß sie die Gebirge fortreißt und der Himmel auf die Erde herabstürzt.

Die *Leyenda de los soles* erwähnt außerdem ein menschliches Paar, Tata und seine Frau Nene, um die sich Tezcatlipoca kümmert. Die beiden entkommen der Flut – gleichsam Noah und sein Weib in der Neuen Welt –, indem sie in einem hohlen Baum Schutz suchen. Von Tezcatlipoca angewiesen, nur einen Maiskolben pro Kopf zu verspeisen, knabbern sie vorsichtig an den Körnern, während sie zusehen, wie die Flut sich langsam zurückzieht. Als sie den Baum endlich verlassen können, finden sie einen Fisch – das heißt, einen ihrer unglücklichen, von der Flut verwandelten Brüder. Durch die Vorfreude auf eine warme Mahlzeit achtlos geworden, entfachen sie mit dem Feuerbohrer ein neues Feuer und braten den Fisch. Doch die Sterngötter Citlallinicue und Citlallatonac bemerken den Rauch und empören sich: »Götter, wer hat dort ein Feuer entfacht? Wer hat unseren Himmel verräuchert?« Sogleich steigt Tezcatlipoca wutentbrannt herab und herrscht Tata an: »Was hast du getan, Tata? Was habt ihr nur getan?« Im Handumdrehen schneidet er Tata und Nene den Kopf ab und steckt ihnen ihre Köpfe direkt auf das Hinterteil – so entstanden die ersten Hunde.

Die Neuschaffung von Himmel und Erde

Obgleich Tezcatlipoca und Quetzalcoatl zweifellos den Untergang der vier vorangegangenen Sonnen zu verantworten haben, wird ihnen doch gleichermaßen die Neuschöpfung von Himmel und Erde zugeschrieben. Diesmal handeln sie nicht als Feinde, sondern als Verbündete. Die *Historia de los mexicanos por sus pinturas* enthält eine wichtige Version dieses Schöpfungsaktes, worin die vier Söhne des Schöpferpaares, unterstützt von vier weiteren Gottheiten, vier Wege anlegen, die zum Mittelpunkt der Erde führen. Nach dieser Unterteilung der Erde in vier Quadranten heben die acht Götter den Himmel mit all seinen Regionen empor. Um den Himmel abstützen und tragen zu können, verwandeln sich Tezcatlipoca und Quetzalcoatl in zwei mächtige Bäume. Tezcatlipocas Baum ist an den glänzenden Spiegeln zu erkennen, während der des Quetzalcoatl die Federn des smaragdgrünen Quetzal-

Vogels trägt. Als Belohnung für ihre Mühe und Last macht Tonacatecuhtli sie zu den Herrschern über Himmel und Sterne und die Milchstraße zu ihrem Weg über den bestirnten Himmel.

In einem weiteren aztekischen Schöpfungsmythos erschaffen Quetzalcoatl und Tezcatlipoca Himmel und Erde, indem sie das große Erdungeheuer Tlaltecuhtli gemeinsam zerstückeln. Zwar bedeutet der Name Tlaltecuhtli soviel wie ›Herr der Erde‹, doch ist dieses Geschöpf zweigeschlechtlich und wird häufig als weiblich charakterisiert. Mitunter verschmilzt Tlaltecuhtli mit einem anderen Erdungeheuer, dem großen Kaiman, dessen gepanzerter Krokodilrücken die Gebirgsketten der Welt repräsentiert. Der Tlaltecuhtli-Mythos war in Mesoamerika weit verbreitet und eine Version auch bei den Maya von Yucatan in Umlauf.

In einer aztekischen Version aus der *Histoyre du Mechique* steigen Quetzalcoatl und Tezcatlipoca vom Himmel herab, um Tlaltecuhtli zu beobachten, die auf den Wassern des Meeres dahinschrei-

Die aztekische Erdgottheit Tlaltecuhtli. Detail einer Steinplastik, späte postklassische Periode

tet. Ihre Gier nach Fleisch ist so unmäßig, daß sie außer ihrem zähnestarrenden Riesenmaul auch noch bleckende Münder an Ellenbogen, Knien und anderen Gelenken besitzt. Quetzalcoatl und Tezcatlipoca sind sich einig, daß mit einer solch grausigen Kreatur in ihrer Mitte an eine vollendete Schöpfung nicht zu denken ist. Um Tlaltecuhtli aus dem Weg zu räumen und die Erschaffung der Erde in Angriff nehmen zu können, verwandeln sich die beiden Götter in Riesenschlangen. Eine von ihnen umschlingt die linke Hand und den rechten Fuß, die andere die rechte Hand und den linken Fuß Tlaltecuhtlis, und mit vereinten Kräften zerreißen sie das Scheusal. Daraufhin verwandelt sich der obere Teil von Tlaltecuhtlis zerrissenem Körper in die Erde, während aus dem unteren, gen Himmel geschleuderten Teil die himmlischen Regionen werden.

Bei den anderen Göttern löst die Tötung und Verstümmelung Tlaltecuhtlis jedoch Empörung aus. Um die geschundene Erde zu besänftigen und zu trösten, verfügen sie, daß ihr Leib der Ursprung aller für den Menschen und sein Überleben notwendigen Pflanzen sein solle. Aus dem Haar Tlaltecuhtlis werden Bäume, Blumen und Kräuter, aus ihrer Haut sprießen Gräser und kleine Wildblumen. Ihre Augen bilden Brunnen, Quellen und kleine Grotten, ihr Mund Flüsse und große Höhlen, aus ihrer Nase entstehen Bergketten und Täler. Doch mitunter sind heute noch die nächtlichen Schreie der Erdgöttin zu hören, die nach Blut und Menschenherzen verlangt. Denn letztlich kann man Tlaltecuhtli nur durch das Fleisch und Blut von Menschenopfern besänftigen, damit sie weiterhin Früchte und Pflanzen für die Menschen gedeihen läßt.

Der Ursprung der Menschen

Eine Erzählung von der Erschaffung des gegenwärtigen Menschengeschlechts findet sich in verschiedenen kolonialen Zeugnissen, wobei sich die folgende Version auf die *Leyenda de los soles* und die *Histoyre du Mechique* stützt.

Nachdem die Götter die Welt neu erschaffen haben, stellen sie fest, daß es an Menschen fehlt, die die Erde bevölkern könnten. Man einigt sich darauf, den Windgott als Abgesandten in die Unterwelt zu schicken, um die Gebeine der vorangegangenen Menschen heraufzuholen, die bei dem Untergang ihrer Welt von der Flut in Fische verwandelt worden waren. Die Unterwelt oder Mictlan, ein düsterer, gefährlicher Ort, wird von dem unberechenbaren skelettartigen Gott Mictlantecuhtli, ›Herr von Mictlan‹, regiert. In der Unterwelt angelangt, bittet Quetzalcoatl Mictlantecuhtli und dessen Gemahlin mit den folgenden Worten um die Gebeine der menschlichen Ahnen:

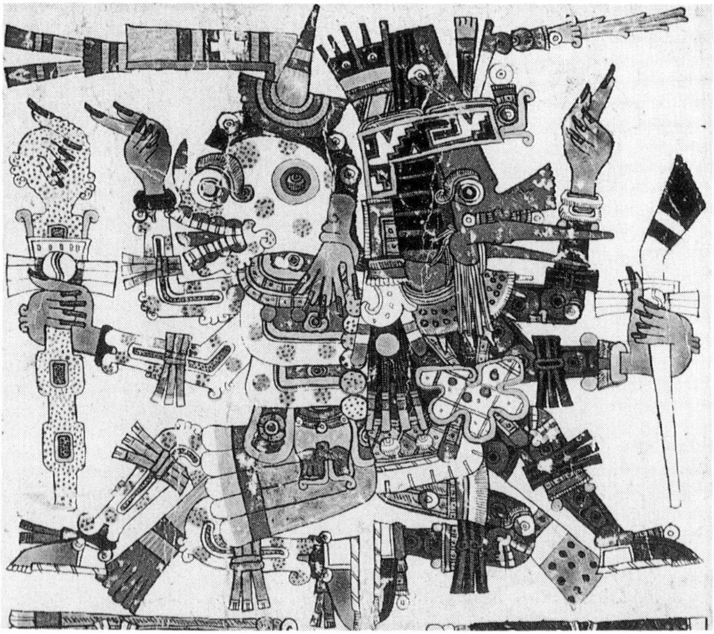

Der Gott des Lebens, Ehecatl-Quetzalcoatl, und der Gott des Todes, Mictlantecuhtli. Codex Borgia, S. 56 (Detail), späte postklassische Periode

Und dann ging Quetzalcoatl nach Mictlan. Er näherte sich Mictlantecuhtli und Mictlancihuatl; sogleich sprach er zu ihnen:
»Ich komme auf der Suche nach den kostbaren Gebeinen in eurem Besitz. Ich komme, um sie zu holen.«
Und Mictlantecuhtli befragte ihn: »Was wirst du anfangen mit ihnen, Quetzalcoatl?«
Und Quetzalcoatl erwiderte: »Die Götter wünschen, daß jemand die Erde bewohne.«

Der listige Totengott erklärt sich bereit, die Gebeine unter der Bedingung herauszugeben, daß Quetzalcoatl eine scheinbar leicht zu bewältigende Aufgabe vollbringt. Mictlantecuhtli fordert von Quetzalcoatl, er solle das Unterweltreich viermal durchqueren und dabei laut und vernehmlich auf einem Muschelhorn blasen. Statt eines Muschelhorns gibt der Totengott Quetzalcoatl jedoch eine einfache Muschel ohne Blaslöcher. Nicht willens, sich so leicht überlisten zu lassen, ruft Quetzalcoatl einige Würmer herbei, die Löcher in die Schale der Muschel bohren, und Bienen, die in ihr Inneres krabbeln und sie durch ihre lautes Summen erschallen lassen. (Als Zeichen der Macht über die Kräfte des Windes und des Lebens wird Quetzalcoatl oft mit dem geschnittenen Muschelhorn Windjuwel auf der Brust dargestellt.)
Als Mictlantecuhtli den Ton der Muschel hört, gestattet er Quetzalcoatl zunächst, die Gebeine der Ahnen mitzunehmen, ändert jedoch plötzlich seinen Entschluß. Aber auch diesmal gelingt es Quetzalcoatl, Mictlantecuhtli und sein Gefolge an der Nase herumzuführen, und er entflieht mitsamt den begehrten Gebeinen. Wütend befiehlt Mictlantecuhtli seiner Gefolgschaft, eine tiefe Grube auszuheben. Als Quetzalcoatl vorbeistürmt, bricht seitlich eine Wachtel hervor, die Quetzalcoatl so erschreckt, daß er fehltritt und in die Grube stürzt.

Die Grube war gemacht, und Quetzalcoatl fiel hinein, er stolperte und fürchtete sich vor der Wachtel. Zu Tode stürzte er sich, und die kostbaren Gebeine wurden verstreut. Die Wachtel pickte und nagte an ihnen.

Obgleich Quetzalcoatl schließlich wieder zu sich kommt und die Knochen zurückerlangt, sind diese nun beschädigt und zerbrochen – und deshalb sind die heutigen Menschen unterschiedlich groß.
Nachdem Quetzalcoatl aus der Unterwelt entkommen ist, begibt er sich mitsamt seiner kostbaren Beute nach Tamoanchan, dem geheimnisvollen Ort des Beginns. Dort mahlt die alte Göttin Cihuacoatl, oder Schlangenfrau, die Gebeine zu Mehl, das sie in ein besonderes Keramikgefäß gibt. Die Götter versammeln sich um das Gefäß und lassen ein wenig von ihrem Blut auf das Knochenmehl tropfen. Das heutige Menschengeschlecht ist also aus einer Mischung aus gemahlenen Gebeinen der Fischmenschen und dem Opferblut der Götter gemacht.

Der Ursprung des Mais

Zwar kehrten die Menschen auf diese Weise an die Oberfläche der Erde zurück, es fehlte ihnen jedoch an Speisen, sie zu ernähren und zu kräftigen. Diesem Problem, d. h. dem Ursprung des Mais und anderer Nutzpflanzen, widmen sich mehrere Mythen, einer der wichtigsten ist in der *Leyenda de los soles* enthalten. In vielen Gegenden Mexikos und Guatemalas werden Versionen dieses Mythos selbst heute noch erzählt.
Nach der Erschaffung der Menschen in Tamoanchan machen sich die Götter auf die Suche nach geeigneter Nahrung für sie. Da entdeckt Quetzalcoatl eine rote Ameise, die ein Maiskorn trägt. Er fragt sie, woher diese bemerkenswerte Speise stamme. Die Ameise verweigert zuerst jede Auskunft, nach einigen Drohungen erklärt sie sich jedoch bereit, Quetzalcoatl an den Herkunftsort des Korns, zum Tonacatepetl, dem ›Berg der Ernährung‹, zu führen. In eine schwarze Ameise verwandelt, gelingt es Quetzalcoatl, durch einen engen Spalt in das Innere des Berges zu gelangen und der roten Ameise soweit zu folgen, bis beide endlich zu einer steinernen, mit allerlei Samen und Körnern angefüllten Kammer kommen. Quetzalcoatl nimmt sich einige Maiskörner und bringt sie nach Tamoanchan. Dort kauen die Götter den Mais zu Brei

und geben ihn den jungen Menschen in den Mund, damit er sie nähre und stärke.
Nachdem nun die geeignete Speise gefunden ist, müssen sich die Götter jedoch fragen, wie sie die Maiskörner den Menschen dauerhaft zur Verfügung stellen können: »Was aber tun wir mit Tonacatepetl?« Quetzalcoatl wirft ein Seil um den Berg und versucht ihn davonzutragen, doch Tonacatepetl ist zu groß. Oxomoco und Cipactonal, das alte Wahrsagerpaar, suchen mit den Mitteln ihrer Kunst eine Möglichkeit ausfindig zu machen, den Mais aus dem Berg zu bringen. Sie kommen zu dem Schluß, daß der aussätzige Gott Nanahuatzin die Felsen des Berges spalten müsse. Unterstützt von den vier Herren über Regen, Blitz und die vier Himmelsrichtungen, dem blauen, weißen, roten und gelben Tlaloc, spaltet Nanahuatzin Tonacatepetl bis tief in den Boden hinein, so daß Maiskörner und andere Samen hervorbersten und in alle Richtungen geschleudert werden. Schnell sammeln die Tlalocs die

Tlaloc gießt Wasser und Nutzpflanzen aus einem kostbaren Jadegefäß. Detail einer aztekischen Steintruhe, späte postklassische Periode

Samenkörner des weißen, schwarzen, roten und gelben Mais, der Bohnen und anderer Nutzpflanzen ein. Diese Tat der Tlalocs, das Aufsammeln der Samen am Tonacatepetl, macht sie zu den eigentlichen Spendern nicht nur des Regens, sondern der ganzen Ernte.

Der Ursprung des Pulque

Der aus dem gegorenen Saft der Mageuypflanze gewonnene alkoholische Trank Pulque spielte im kultischen Leben der Azteken als Rauschmittel und Opfergabe eine bedeutende Rolle. Pulque wurde häufig bei großen Banketts und anderen festlichen Anlässen genossen, wenngleich Trunkenheit in der Öffentlichkeit, vor allem bei Mitgliedern des Adels, streng verpönt war. Die mythische Herkunft des Pulque ist in der bedeutenden Quelle *Histoyre du Mechique* beschrieben und enthält eine der seltenen Erwähnungen der furchterregenden, mythischen *tzitzimime* (in der Einzahl: *tzitzimitl*), jener finsteren Himmelsdämonen, die beständig drohen, die Erde zu zerstören. Es sind die Sterne, die diese Nachtwesen, häufig weiblichen Geschlechts, personifizieren und die die Sonne bei jedem Sonnenauf- und -untergang von neuem bekämpfen.

Zwar verfügen die Menschen nun über Samen und Körner, mit denen sie sich ihre Nahrung zubereiten, doch gibt es wenig in ihrem Leben, woran sie sich erfreuen können. Die Götter kommen zu dem Schluß, man müsse den Menschen etwas geben, das sie zum Singen und Tanzen bringt. Quetzalcoatl hält ein berauschendes Getränk für das Richtige, mehr Freude in ihr Leben zu bringen. Er erinnert sich an Mayahuel, die liebliche, jungfräuliche Göttin der Magueypflanze, die am Himmel bei ihrer schreckenerregenden *tzitzimitl*-Großmutter lebt. Nachdem er die schlummernde Mayahuel gefunden und geweckt hat, überredet er die Göttin, mit ihm zur Erde hinab zu steigen. Dort verbinden sich Quetzalcoatl und Mayahuel zu einem großen, gegabelten Baum, dessen beide Hauptäste sie bilden.

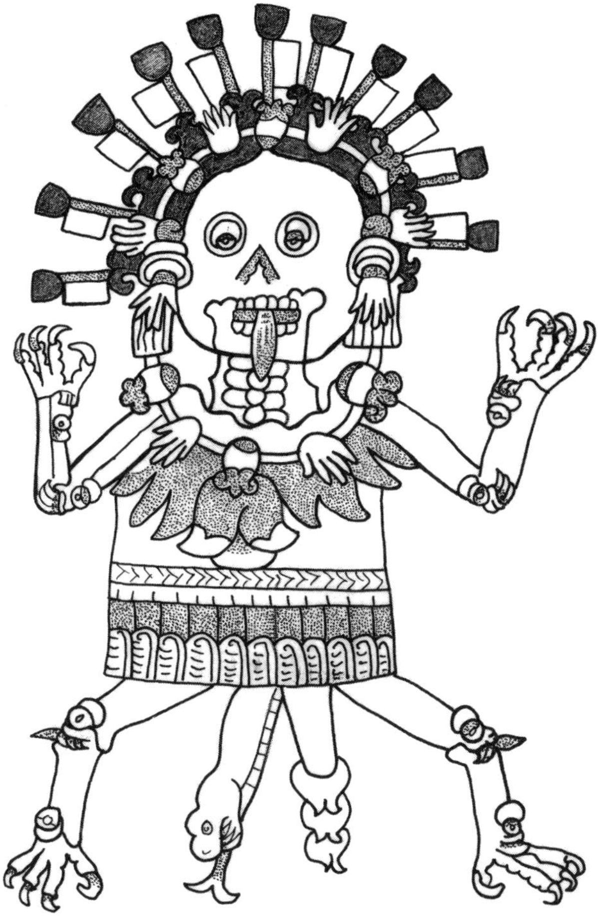

Ein weiblicher tzitzimitl-*Dämon. Codex Magliabechiano, S. 76^r, frühkoloniale Periode*

Als die Großmutter erwacht und den Verlust ihrer Enkelin bemerkt, ruft sie rachedurstig ihre Mit*tzitzimime*, die anderen Sterndämonen, auf, die treulose Mayahuel ausfindig zu machen. Die wütenden Dämonen stürzen sich vom Himmel geradewegs auf den Baum herab, worin sich Quetzalcoatl und Mayahuel verborgen halten. Doch kaum daß die Dämonenschar ihn erreicht, birst der Baum auseinander, und die beiden Äste stürzen krachend zu Boden. Die Großmutter-*tzizimitl* erkennt jedoch, daß Mayahuel in einem der Äste steckt, zerbricht ihn brutal in tausend Stücke und verteilt diese an die anderen *tzizimime*, die ihre zerrissene Enkelin verschlingen. Doch Quetzalcoatls Ast übersteht diese Gewalttat unbemerkt und unverletzt. Sobald die *tzitzimime* sich an den Himmel zurückbegeben haben, nimmt Quetzalcoatl seine eigentliche Gestalt wieder an. Traurig sammelt er Mayahuels abgenagte Knochen auf und begräbt sie in der Erde – und diesem einfachen Grab entsproß die erste Magueypflanze, kostbare Quelle des Pulque.

Die Erschaffung der fünften Sonne

Die Erschaffung der fünften Sonne, Nahui Ollin, bildet gleichzeitig den Höhepunkt und Abschluß der aztekischen Schöpfungsgeschichte. Laut Überlieferung trug sich dieses mythische Geschehnis nahe der alten Stadt Teotihuacan zu, etwa 40 km nordöstlich des heutigen Mexiko City. Nach aztekischem Glauben ist dies der Ort des Zeitenbeginns. Der folgende Bericht stützt sich auf zwei Quellen, die Florentiner Handschrift und die *Leyenda de los soles*.

Nachdem die Erde, die Menschen, Speise und Trank erschaffen waren, berieten die Götter bei Teotihuacan, wer von ihnen die Finsternis erleuchten und die Sonne dieser neuen Welt werden solle:

Der aztekische Kalenderstein. In der Mitte das Datum Nahui Ollin, die gegenwärtige, bei Teotihuacan erschaffene Sonne der Bewegung. Die Kalendernamen der vier vorausgegangenen Schöpfungen erscheinen innerhalb der vier Seitenstücke des Ollin-Symbols. Späte postklassische Periode

Es heißt, da alles noch in Finsternis lag, noch keine Sonne erstrahlt und keine Morgenröte angebrochen war, daß die Götter sich – so sagt man – versammelten und Rat hielten, dort bei Teotihuacan. Sie sprachen; sie sagten zueinander:
»Kommt herbei, o ihr Götter! Wer wird die Bürde tragen? Wer nimmt es auf sich, die Sonne zu sein, die Morgenröte zu bringen?«

Sogleich meldet sich ein ziemlich hochmütiger Gott namens Tecuciztecal; als zweiten Bewerber jedoch wählen die anderen Götter den bescheidenen, aussätzigen Nanahuatzin (derselbe, der den Maisfelsen spaltet). Wie ein Krieger nimmt er die Bürde dieser schweren Aufgabe an und versteht es als seine Pflicht den anderen Göttern gegenüber, sie recht zu erfüllen. Nun werden für Nanahuatzin und Tecuciztecal zwei Hügel errichtet, auf denen sie mehrtägige Buß- und Fastenübungen ablegen; bis heute sind diese Hügel als die Mond- und Sonnenpyramide zu sehen. Unterdessen wird der Scheiterhaufen für die Opferung vorbereitet. Die Opfergaben, die Tecuciztecal auf seinem Hügel darbietet, sind nur aus den kostbarsten und ausgesuchtesten Materialien. Statt Fichtenzweigen nimmt er Quetzalfedern, statt Grasbündeln goldene Bälle; statt in sein Blut getauchte Fasern der Magueypflanze zu opfern, reicht er Jadestäbchen mit Korallenspitzen dar; auch der Weihrauch, den Tecuciztecal verbrennt, ist von bester Qualität. Die Opfergaben Nanahuatzins dagegen sind von geringem materiellen Wert. Statt der Kiefernzweige und Grasbündel benutzt er gebündeltes Schilfrohr, und anders als Tecuciztecal opfert er tatsächlich echte, mit eigenem Blut getränkte Fasern der Magueypflanze; schließlich verbrennt er den Schorf seiner Schwären als Weihrauch.
Nach dem vierten, mit Bußübungen verbrachten Tag kommen die anderen Götter um Mitternacht herbei, um beide anzukleiden. Tecuciztecal ist reich geschmückt, Nanahuatzin dagegen trägt nur einfache Papiergewänder. Die Götter umringen den großen, seit vier Tagen brennenden, inzwischen rotglühenden Scheiterhaufen. Mit lauten Rufen fordern die auf beiden Seiten des Feuers

stehenden Gottheiten Tecuciztecal auf, in die Flammen zu springen. Tecuciztecal läuft tatsächlich auf den flammenden Haufen zu, doch die sengende Hitze und die herausschlagenden Flammen ängstigen ihn, und er hält zögernd inne. Noch einmal nimmt er Anlauf, doch wiederum schreckt er vor dem Feuer zurück. Viermal versucht er, sich in die Flammen zu werfen, doch jedesmal bleibt er stehen. Schließlich rufen die Götter nach Nanahuatzin, der, ohne nach links und rechts zu blicken, schnurstracks auf den Scheiterhaufen zuläuft und mit einem Satz in die Flammen springt:

> Und Nanahuatzin, alles wagend, entschlossen – entschieden – härtete sein Herz und schloß die Augen. Er hatte keine Furcht; er blieb nicht stehen; er zögerte nicht vor Angst; er wandte sich nicht um. Sogleich warf er sich in die Flammen; er schwand auf ewig. Darauf brannte er; sein Leib prasselte und zischte.

Nachdem Tecuciztecal den heroischen Tod Nanahuatzins beobachtet hat, stürzt auch er sich in die Flammen und verbrennt. Ihm folgen Adler und Jaguar auf den Scheiterhaufen; dabei versengt sich der Adler die Flügelspitzen, und schwarze Brandflecken übersäen das Fell des Jaguars. Ihres Mutes wegen, den sie bei Teotihuacan bewiesen haben, werden Adler und Jaguar später zu den Wappentieren der beiden großen Kriegerorden der Azteken.
Nach dem Flammentod Nanahuatzins und Tecuciztecals warten die Götter darauf, wo am Himmel sie wiedererscheinen werden. Allmählich färbt sich der gesamte Himmel rot, und die Götter blicken suchend umher, um das erste Erscheinen des mutigen Nanahuatzin sogleich wahrzunehmen. Einige raten richtig und wenden sich gen Osten; so werden sie Zeugen der Wiederkehr Nanahuatzins. Doch erscheint dieser nicht etwa in seiner vormaligen bescheidenen und kränklichen Gestalt, sondern als der mächtige Sonnengott Tonatiuh, dessen flammende Strahlen den ganzen Himmel durchglühen:

Itztlacoliuhqui, von einem Spieß in die Stirn getroffen. Der Gott des Morgensterns, ›Herr der Morgenröte‹, wird von dem Wurfspieß der Sonne in den Gott des Steins und der Kälte verwandelt. Codex Telleriano-Remensis, Bl. 16, frühkolonial aztekisch

> Und als die Sonne aufzugehen begann, als sie hervorbarst, war sie rot; sie schwankte von einer Seite zur anderen. Es war unmöglich, ihr ins Gesicht zu blicken; das Auge blendete sie mit ihrem Licht.

Bald darauf erscheint Tecuciztecal, auch er im Osten und ebenso hell wie Tonatiuh. Beide sind sich so ähnlich, daß die anderen Götter befürchten, die neue Welt könnte soviel Licht nicht vertragen. Daraufhin läuft einer der Götter hinaus und wirft Tecuciztecal ein Kaninchen ins Gesicht. Die Verletzung, die Tecuciztecal davonträgt, dämpft seine Strahlkraft; und so scheint der Mond weniger hell als die Sonne – bei Vollmond kann man das Kaninchen noch heute in seinem Gesicht sitzen sehen.
Zwar stehen Sonne und Mond nun am Himmel, doch sind sie ohne Bewegung, folgen noch keiner Bahn. Plötzlich erklärt sich Tonatiuh, allerdings unter bestimmten Bedingungen, bereit, sich in Bewegung zu setzen, und verlangt Lehnstreue und Blutopfer von den anderen Göttern. Von dieser Anmaßung erbost, schleudert der Gott des Morgensterns, Tlahuizcalpantecuhtli, ›Herr der Morgendämmerung‹, einen Wurfspieß nach dem Unverschämten. Der Spieß verfehlt jedoch sein Ziel, und Tonatiuh antwortet ihm mit dem Wurf seines eigenen Spießes, der Tlahuizcalpantecuhtli am Kopf trifft und ihn durchbohrt. Augenblicklich verwandelt sich der Gott der Morgendämmerung in Itztlacoliuhqui, den Gott des Steins und der Kälte; seither ist die Morgendämmerung die Stunde der größten Kälte. Schließlich kommen die Götter zu der Einsicht, daß sie sich selbst opfern müssen, um die Sonne in Bewegung zu setzen. Ganz methodisch schneidet Quetzalcoatl einem Gott nach dem anderen das Herz mit einem Opfermesser aus dem Leib. Die Umhänge und das Geschmeide der Götter werden zu heiligen Bündeln zusammengerollt; dies ist die sakrale Erscheinungsform der Götter, in der die Menschen sie später verehren. Der Opfertod der Götter bei Teotihuacan erschafft Nahui Ollin, die Sonne der Bewegung. Und so, wie die Götter sich opfern mußten, müssen auch die Menschen ihre Herzen und ihr Blut opfern, damit die fünfte Sonne auf ihrer Bahn und in Bewegung bleibt.

Die Staatsmythologie der Azteken

Die aztekischen Mythen von den fünf Sonnen, der Erschaffung der gegenwärtigen Welt und ihrer Menschen, dem Ursprung des Mais und des Pulque waren im nachklassischen Zentralmexiko weit verbreitet. Ein großer Teil dieser Mythologie ist sehr alt und hat sich wahrscheinlich aus früheren klassischen Überlieferungen entwickelt. So findet sich etwa in der spätklassischen Fundstätte

Tlaloc läßt sein Blut auf einen Fischmann rinnen. Diese Szene stellt wahrscheinlich eine frühe Version der Erschaffung des Menschen dar. Detail eines Basreliefs vom Südlichen Ballspielplatz in El Tajín, Veracruz. Spätklassische Periode

El Tajín in Veracruz die Darstellung einer Version der Erschaffung des Menschen aus den Überresten der vorangegangenen Schöpfung. In dieser Szene läßt Tlaloc Blut aus seinem Penis auf einen toten Fischmenschen rinnen, ein deutlicher Hinweis auf das Menschengeschlecht, das von der Flut in Fische verwandelt wurde.
Obgleich die zentralmexikanische Schöpfungsmythologie der spätklassischen Periode viele Ähnlichkeiten mit anderen Mythen des alten und zeitgenössischen Mesoamerika aufweist, existiert daneben noch ein anderer, rein aztekischer Schöpfungsmythos, der dem aufstrebenden aztekischen Imperium geradezu als legitimierende Staatsmythologie diente. Hierbei geht es um die Herkunft **Huitzilopochtlis**, wörtlich ›Kolibri links‹, Schutzgott der Azteken. Ebenso wie die Mythen, die sich um ihn ranken, scheint auch er selbst eine ausschließlich aztekische Neuerung zu sein. Huitzilopochtli besitzt Eigenschaften Tezcatlipocas, des Sterngottes Mixcoatl und des Feuergottes Xiuhtecuhtli. Er ist eine Sonnengottheit, deren symbolisches Reich sich zu großen Teilen mit dem Tonatiuhs überlappt. Obwohl Huitzilopochtli bei den Azteken von zentraler Bedeutung war, besaß er jenseits des Tals von Mexiko wahrscheinlich keine größere Gefolgschaft. Tatsächlich sind Darstellungen Huitzilopochtlis in der Kunst des alten Mesoamerika auffallend selten.

Die Geburt Huitzilopochtlis

Obgleich sich die zahlreichen kolonialen Quellen, die die Herkunft Huitzilopochtlis behandeln, in vielen Aspekten unterscheiden, trägt sich die Geburt Huitzilopochtlis doch zumeist am Coatepec, dem ›Schlangenberg‹, einem Hügel nahe der alten Stadt Tula, zu. Der *Historia de los mexicanos por sus pinturas* zufolge kehrten die Azteken jedes Jahr zum Coatepec zurück, um ein Fest zu Ehren Huitzilopochtlis zu feiern. Alle Gottheiten dieses Schöpfungsepos sind spezifisch für das aztekische Pantheon und bei keinem anderen zentralmexikanischen Volk der postklassischen Periode anzutreffen. Huitzilopochtlis Mutter **Coatlicue**, ›die mit dem

Schlangenrock‹, ist durch ihren Rock aus gewebten Schlangenhäuten gekennzeichnet. **Coyolxauhqui**, Huitzilopochtlis Halbschwester, scheint sich zumindest teilweise von **Chantico**, einer obskuren zentralmexikanischen Feuergöttin, herzuleiten. Der Name Coyolxauhqui bedeutet soviel wie ›mit Glocken bemalt‹, und auf charakteristischen Abbildungen ist sie mit einem Paar Metallglöckchen auf den Wangen dargestellt. Coyolxauhqui wird von einer Vielzahl Brüder begleitet, den **Centzon Huitznahua**, den ›Vierhundert (oder unzähligen) Südlichen‹, die thematisch mit den vierhundert Pulque-Göttern der Azteken verwandt sind. Die detailliertesten Berichte von Huitzilopochtlis Geburt am Coatepec finden sich in den Werken Sahagúns; der folgende entstammt dem 3. Buch der Florentiner Handschrift.

Eines Tages, als die fromme und keusche Coatlicue am Coatepec eine Bußübung verrichtet und Kehricht zusammenfegt, findet sie ein Federknäuel. Um die kostbaren Federn zu schützen, steckt sie sie in den Bund ihres Rockes. Als sie das Knäuel später hervorholen will, ist es verschwunden. Ohne ihr Wissen haben die Federn sie unterdessen mit dem Samen für Huitzilopochtli geschwängert. Ihr Leib nimmt mit der Zeit an Umfang zu, so daß ihre Söhne, die Centzon Huitznahua, schließlich bemerken, daß sie ein Kind erwartet. Empört über die offenbare Schande, verlangen sie zu wissen, wer der Vater des Kindes sei. Die ältere Schwester Coyolxauhqui kommt endlich zu dem Schluß, daß sie und ihre Brüder die Mutter töten müssen:

> Und ihre ältere Schwester Coyolxauhqui sprach zu ihnen: »Meine großen Brüder, entehrt hat sie uns. Wir können unsere Mutter, die verderbte, die schon ein Kind trägt, nur noch töten. Wer aber ist die Ursache für das, was sie in ihrem Leib trägt?«

Die schwangere Göttin ist zutiefst erschrocken über die bösen Absichten ihrer Kinder, doch das Ungeborene in ihrem Bauch tröstet Coatlicue und versichert ihr, daß es schon voll entwickelt und jederzeit bereit sei, geboren zu werden. In ihre Kriegergewänder gekleidet, folgen die Centzon Huitznahua der Schwester

Huitzilopochtli zapft Blut aus seinem Ohr. Hinter seiner rechten Hand ist ein Kolibri-Kopfschmuck zu sehen. Detail einer Jaguar-Kolossalplastik, aztekisch, späte postklassische Periode

Coyolxauhqui zum Coatepec. Genau in dem Moment, als die Gruppe den Bergkamm erreicht, bringt Coatlicue den vollständig bewaffneten Huitzilopochtli zur Welt. Dieser schwingt seine flammende Waffe Xiuhcoatl, ›Türkisschlange‹, und erschlägt Coyolxauhqui, deren zerstückelter Leib bis an den Fuß des Coatepec hinabstürzt.

> Dann durchbohrte er Coyolxauhqui und schlug ihr eilends den Kopf ab. Dieser hielt dort am Rande Coatepetls [Coatepecs] an. Und ihr Leib stürzte hinab; er stürzte und zerbrach in lauter Stücke; an verschiedene Stellen fielen sie, ihre Arme, ihre Beine, ihr Rumpf.

Nachdem er Coyolxauhqui erschlagen hat, jagt Huitzilopochtli die Centzon Huitznahua auf dem Coatepec umher, wobei er die meisten tötet; nur einige wenige entkommen nach Süden.

Um die Wende unseres Jahrhunderts stellte Eduard Seler die These auf, die Geburt Huitzilopochtlis am Coatepec sei als Symbol des siegreichen Kampfes der aufgehenden Sonne über die Götter der Finsternis zu deuten. Mit seiner Feuerschlange Xiuhocoatl stelle Huitzilopochtli die neugeborene, ihre flammenden Strahlen in alle Richtungen schleudernde Sonne dar; die Centzon Huitznahua seien offensichtlich die bei jedem Sonnenaufgang von neuem unterliegenden Sterne. Die genaue kosmologische Identität Coyolxauhquis konnte bislang jedoch nicht eindeutig geklärt werden. Seler meinte, sie könne den Mond repräsentieren; allerdings besitzt Coyolxauhqui keinerlei lunare Attribute. Carmen Aguileras zufolge personifiziert Coyolxauhqui vielmehr eine andere Himmelserscheinung: die Milchstraße.

Neben der kosmologischen Bedeutung, die der Geburt Huitzilopochtlis zugeschrieben wird, symbolisiert sie den Aufstieg der Azteken und ihre Vormachtstellung gegenüber anderen, konkurrierenden Völkern Zentralmexikos. Damit kann Huitzilopochtli als die übernatürliche Verkörperung sowohl des aztekischen Volkes als auch des aztekischen Imperiums angesehen werden. Die Geburt dieses Gottes stellt sich als mythischer Freibrief dar, der die kriegerische und politische Expansion der Azteken und ihr Recht, die unterlegenen Feinde zu beherrschen, legitimiert. Als relative Neuankömmlinge im Tal von Mexiko erobern die Azteken weite Gebiete und unterwerfen die ansässigen Völker dieser Region, wobei sie ähnlich verfahren wie Huitzilopochtli mit seinen Halbgeschwistern.

Der mächtige Doppeltempel Templo Mayor, dessen Nordseite dem Regengott Tlaloc geweiht war und dessen Südseite das bedeutendste Kultzentrum Huitzilopochtlis darstellt, dominierte die Stadtlandschaft der aztekischen Kapitale und erinnerte deren Bewohner beständig an ihren Schutzgott und seine wunderbare Herkunft. Einheimischen und spanischen Berichten zufolge opferte man hier häufig Kriegsgefangene. Man legte sie rücklings über einen Opferstein, schnitt ihnen das Herz heraus und warf die leblosen Leiber an den Fuß der Tempelstufen. Quellen aus dem 16. Jahrhundert berichten außerdem, daß die Südseite des Templo

Coatlicue, ›die mit dem Schlangenrock‹, die Mutter Huitzilopochtlis. Zum Zeichen ihres gewaltsamen Todes fließt Blut, symbolisiert durch Schlangen, aus Hals und Armstümpfen. Aztekisch, späte postklassische Periode

Szenen aus dem 3. Buch der Florentiner Handschrift. Dargestellt ist die Geburt Huitzilopochtlis (oben) und die Niederlage seiner Feinde am Coatepec. Frühe koloniale Periode

Mayor den mythischen Berg Coatepec und damit den Geburtsort Huitzilopochtlis symbolisierte.
Diese Annahme wird durch einen ebenso zufälligen wie bedeutenden Fund gestützt: Am 21. Februar 1978 entdeckte man bei Grabungen, die von einer Elektrizitätsgesellschaft nahe dem ehemaligen Zentrum Tenochtitlans durchgeführt wurden, eine mächtige Steinstatue Coyolxauhquis. Diese meisterhafte Darstellung von Erniedrigung und Unterwerfung zeigt Coyolxauhqui nackt und brutal verstümmelt. Obwohl Gliedmaßen und Kopf von ihrem blutenden Leib abgetrennt sind, scheint sie sich in Bewegung, ja

Der Coyolxauhqui-Stein, den man am Fuße der dem Huitzilopochtli geweihten Seite des Templo Mayor fand. Aztekisch, späte postklassische Periode

beinahe in vollem Lauf zu befinden, und so scheint diese Abbildung sie genau im Moment ihres Sturzes vom Coatepec hinab zu zeigen. Ausgrabungen ergaben bald, daß der Coyolxauhqui-Stein sich am Fuß der Treppe der Huitzilopochtli geweihten Seite des Templo Mayor befand. Das bedeutet, daß man an jedem menschlichen Opfer, dessen Leib im Verlauf der aztekischen Kulthandlung die Tempelstufen hinabgeschleudert wurde, die Tötung Coyolxauhquis am Coatepec rituell von neuem vollzog.

Die Grabungen am Templo Mayor förderten ein weiteres Coyolxauhqui darstellendes Steinzeugnis zutage. Zwar handelt es sich hierbei um ein Fragment, doch ist deutlich zu erkennen, wie sich die Feuerschlange Xiuhcoatl in die Brust Coyolxauhquis bohrt. Wahrscheinlich ist dies eine Darstellung des mythischen Ursprungs der aztekischen Herzopfer. Ähnlich wie Xiuhcoatl sich in die Brust der Göttin bohrt, senkt sich das Opfermesser in die Brust des Gefangenen, um ihm das Herz aus dem Leib zu reißen.

Auf dem erhabenen Hintergrund der sich wiederholenden Weltenschöpfungen und -zerstörungen bestimmt der Fünf-Sonnen-Mythos schließlich das Menschenopfer als das bedeutendste und wirksamste Mittel, das Fortbestehen des Universums und des menschlichen Lebens zu verbürgen. Das gegenwärtige Menschengeschlecht verdankt nicht nur sein Dasein dem Opferblut der Götter, sondern letztendlich die Bewohnbarkeit der Welt, die die Götter durch ihren Opfertod bei Teotihuacan erwirkten, indem sie unsere Sonne in Bewegung setzten. Die kultischen Menschen- und Blutopfer der Azteken vollziehen damit eine von den Göttern im Verlauf der Schöpfung begründete Tradition nach.

Der Fünf-Sonnen-Mythos enthält also Herleitungen der wichtigsten und tiefgehendsten Riten des postklassischen Zentralmexiko; doch die Azteken gaben sich nicht mit der bloßen Erklärung ihres Ursprungs und ihrer Rolle im Kosmos zufrieden. Daneben strebten sie nach der Bestätigung ihres Sonderstatus als auserwähltes Volk. Zu diesem Zweck entwickelten sie eine eigene Mythologie für ihren Schutzgott Huitzilopochtli, dessen Ursprung ganz entscheidend und zentral mit Kampf und Krieg verbunden ist.

Die vollständige Auslöschung Coyolxauhquis und die Zerschlagung der Centzon Huitznahua durch Huitzilopochtli stellt den Sieg der Azteken über ihre Feinde im Gewand heiliger Mythen dar und liefert daneben das mythische Fundament der Herzopfer, die in so großer Menge am Templo Mayor gebracht wurden.
Ebenso wie die dem Fünf-Sonnen-Mythos entnommene Teotihuacan-Episode beschreibt auch die Niederwerfung Coyolxauhquis und ihrer Brüder den Ursprung der Sonne und der Menschenopfer. Doch ist der Hauptakteur des imperialen Mythos der

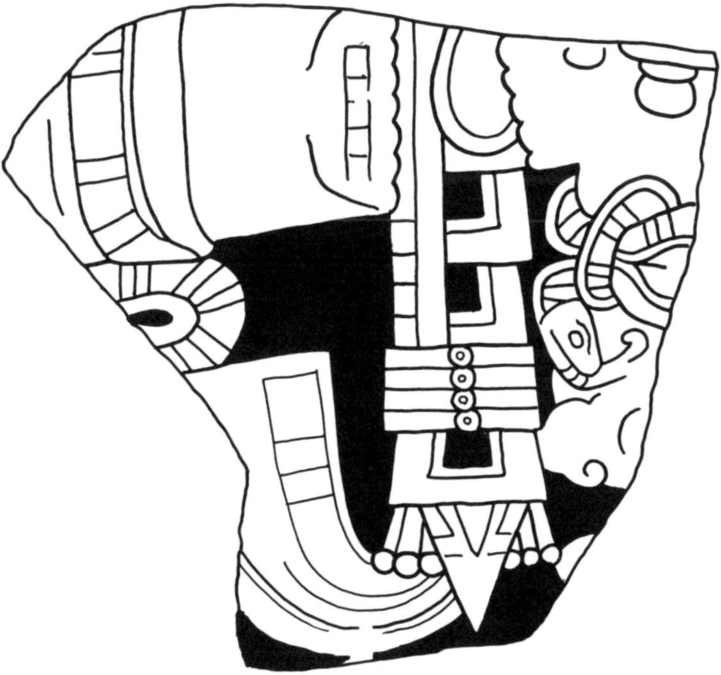

Fragment eines Steinmonuments mit dem segmentierten Leib der Xiuhcoatl-Schlange, die sich in die Brust Coyolxauhquis bohrt. Aztekisch, späte postklassische Periode

Azteken nicht der Sonnengott Tonatiuh, sondern der ebenfalls als solare Gottheit aufgefaßte Huitzilopochtli. Die mythischen Geschehnisse der fünften Sonne und die Geburt Huitzilopochtlis überschneiden sich und standen wahrscheinlich in Konkurrenz zueinander. Die Art und Weise, wie die Azteken ihr Imperium und ihre Herrschaft über die Völker Mesoamerikas ausdehnten, machen es wahrscheinlich, daß der Mythos Huitzilopochtlis schließlich den Sonnenmythos von Teotihuacan verdrängt hätte – wäre der Einbruch der spanischen Eroberer dieser Entwicklung nicht zuvorgekommen.

Die Mythologie der Maya

Zur Zeit der ersten Begegnung mit den Spaniern waren die Maya weder politisch noch kulturell ein geeintes oder einheitliches Volk. Im 16. Jahrhundert wurden etwa dreißig verschiedene Maya-Sprachen gesprochen, von denen die meisten noch heute in Gebrauch sind. Die Nähe dieser Sprachen zueinander differiert, einige sind sich so ähnlich wie Spanisch und Portugiesisch, andere unterscheiden sich weit stärker, etwa wie Englisch und Französisch. Neben den sprachlichen Verschiedenheiten bestanden weitere kulturelle Unterschiede zwischen den Sprechern des Yucatecan-Maya des nördlichen Maya-Tieflandes und Hochlandvölkern wie den Tzotzil, Tojolabal, Mam, Quiché, Kekchi und Chorti, die die wild zerklüfteten Bergregionen der Provinz Chiapas, des südlichen Guatemala und des angrenzenden Honduras bewohnen.
Für das 16. Jahrhundert sind außerdem deutliche Unterschiede zwischen Kalendersystem und Religion der Tiefland-Maya von Yucatan und der Maya-Völker des südlichen Hochlandes zu verzeichnen. Obgleich eine verkürzte Form der Langen Zählung der klassischen Maya in Ritual, Mythologie und Historie der Yucatan-Halbinsel weiterhin eine entscheidende Rolle spielte, wurde dieses Kalendersystem von den postklassischen Maya-Völkern des Hochlandes nicht mehr angewandt. Ähnliches gilt für die systematische Zuordnung bestimmter Bäume, Farben und anderer Eigenschaften zu den vier Himmelsrichtungen, ein Ordnungssystem, das trotz seiner weiten Verbreitung im postklassischen und kolonialen Yucatan bei den Hochland-Maya nur wenig entwickelt war. Hinzu kommt, daß eine Vielzahl der Gottheiten, die

für die Quiché und anderen Maya-Völker des Hochlandes im 16. Jahrhundert belegt sind, in Schrifttum und Kunst der postklassischen und frühen kolonialen Periode Yucatans nicht ohne weiteres zu identifizieren sind.
Zu den sprachlichen und kulturellen Verschiedenheiten der postklassischen Maya kam ihre mangelnde politische Einheit. Anders als bei den Azteken existierte zur Zeit der spanischen Eroberung weder ein geeintes Maya-Imperium noch ein föderativer Verbund, sondern viele miteinander konkurrierende Maya-Staaten. Obgleich sich etwa die Sprachen der benachbarten Quiché und Cakchikel sehr ähnelten, waren diese selbst einander äußerst feindlich gesonnen. Das führte dazu, daß sich die Cakchikel 1524 während der Eroberung des guatemaltekischen Hochlandes durch Pedro de Alvarado bereitwillig mit den Spaniern gegen die feindlichen Quiché verbündeten. Selbst die kulturell homogene Region Yucatan stellte zu Beginn des Kontaktes mit den Spaniern ein verwirrendes Mosaik von konkurrierenden Stadtstaaten und Provinzen dar. Ein übergreifender Widerstand vereinigter Maya-Kräfte gegen die Fremdherrschaft der spanischen Eroberer kam erst lange nach der Unterwerfung der einzelnen Gruppen unter die Kolonialmacht Spaniens zustande.
Allerdings bestanden zwischen einigen postklassischen Maya-Völkern trotz regionaler Unterschiede auch viele religiöse und kultische Gemeinsamkeiten. Einige dieser Elemente scheinen relative Neuerungen gewesen zu sein, die aus dem postklassischen Zentralmexiko stammten, mit dem die Maya-Gebiete enge wirtschaftliche und politische Beziehungen unterhielten. Ein Beispiel ist der zentralmexikanische Gott Quetzalcoatl, Gefiederte Schlange, der bei den Yucatec als Kukulcan, bei den Hochlandvölkern Quiché und Cakchiquel als Gucumatz bekannt war. Obgleich dieser Gott in den Mythen und Legenden der postklassischen Maya eine bedeutende Rolle spielt, taucht er in der Kunst und dem Schrifttum der früheren klassischen Periode praktisch nicht auf. Eine weitere, wahrscheinlich postklassische Neuerung stellt der legendäre westliche Ort des Ursprungs dar, den Yucatec-Maya als Zuyua, den Cakchiquel und Quiché als Tulan Zuiva geläufig. Die

Bezeichnung der Hochland-Maya für diesen Ort stellt ganz offensichtlich eine Verbindung zu dem Tollan der Tolteken her, heute als die frühe nachklassische Fundstätte Tula in Hidalgo bekannt.
Zwar sind bestimmte Merkmale, die bei Tief- und Hochland-Maya gleichermaßen anzutreffen sind, relativ junge, d. h. postklassische Importe aus Zentralmexiko, doch hat der Großteil der religiösen Gemeinsamkeiten seine Wurzeln in einer tieferen Schicht der Maya-Kultur. Diese Gemeinsamkeiten treten schon in der vorangegangenen klassischen Periode in Kunst und Schrifttum des Maya-Tieflands zutage. Das rituelle Menschenopfer, dessen Ursprung häufig im postklassischen Zentralmexiko vermutet wird, war schon bei den Maya der klassischen Periode weitverbreitete Praxis. Eine weitere übliche Form des Bußopfers, die bei den postklassischen Maya gepflegt wurde, das Abzapfen von Blut aus Zunge, Penis oder anderen Körperteilen, wird inzwischen als eines der geläufigeren Ritualthemen in Schrifttum und Kunst der klassischen Maya angesehen. Auch viele der kultischen Zeremonien, Götter und Mythen der postklassischen Periode haben ihren Ursprung in älteren, klassischen Traditionen. Der größte Teil der bedeutenderen Maya-Götter, etwa fünfzehn an der Zahl, die uns aus den postklassischen Handschriften Yucatans bekannt sind, wurden schon von den klassischen Maya angebetet.
Die wahrscheinlich wichtigste Schöpfergottheit der alten Maya, **Itzamna**, ein alter, runzliger Gott, ist dem Schöpfergott Zentralmexikos, Tonacatecuhtli, durchaus ähnlich. Darstellungen Itzamnas sind sowohl in der klassischen als auch in der nachklassischen Kunst der Maya weit verbreitet. Seine Gemahlin scheint **Ix Chel** gewesen zu sein, eine greisenhafte Göttin, die als Hebamme und Heilerin verehrt wurde. Seinem zentralmexikanischen Gegenstück Tlaloc ähnlich, gehört **Chac**, der Regen- und Blitzgott der Maya, zu den in Mesoamerika wohl am längsten bruchlos verehrten Gottheiten. Zuerst in der vorklassischen Kunst der Maya etwa des 1. Jahrhunderts v. Chr. belegt, wird Chac auch heute noch in Mythen und Gebeten der modernen Maya-Völker angerufen. Zum Zeichen seiner Macht über den Blitz wird Chac in alter Zeit häufig als schlangen- und äxteschwingender Gott dargestellt.

Der alte Schöpfergott Itzamna, einem Baum mit kaimanförmigem Stamm zugewandt. Detail einer spätklassischen Maya-Vase

Ein weiterer bedeutender Maya-Gott der klassischen und postklassischen Periode war der Maisgott, dessen postklassischer Name trotz der Bedeutung seines Trägers erstaunlicherweise unbekannt geblieben ist; es gibt jedoch Hinweise darauf, daß eine der wichtigeren klassischen Erscheinungsformen den Namen Hun Nal trug. Die Erscheinungsform des Maya-Totengottes sowie sein symbolisches Reich weisen starke Parallelen zu dem zentralmexikanischen Totengott Mictlantecuhtli auf. Eine sowohl postklassische als auch moderne Bezeichnung der Maya für diese skeletthafte Gottheit ist **Cizin**, ›der Nichtige‹, doch war er auch als **Yum Cimih**, ›Herr des Todes‹, bekannt. Der Name des Sonnengottes lautete **Kinich Ahau**, ›Sonnengesichtiger Herrscher‹, ein mächtiges Wesen, das mit dem Jaguar identifiziert wurde. Wahrscheinlich glaubte man, daß diese Gottheit sich während ihrer nächtlichen Reise durch die Unterwelt in eine Raubkatze verwandelte.

Das frühkoloniale *Popol Vuh* ist vielleicht das bemerkenswerteste Zeugnis einer religiösen Kontinuität bei den Maya, die von der klassischen Periode bis ins 16. Jahrhundert reicht. Ergebnisse der neueren Forschung deuten darauf hin, daß ein großer Teil der Schöpfungsmythologie des *Popol Vuh* der Quiché, ins-

Chac, mit einem Netz fischend. Izapa-Stele 1, protoklassisch Maya

besondere die Abschnitte, die sich auf die göttlichen Zwillinge und ihren Vater beziehen, schon den klassischen Maya bekannt waren. Überdies lassen sich einige Teile dieser Sektion noch weiter, d. h. bis zu der protoklassischen Fundstätte Izapa, zurückverfolgen. Nach dem jetzigen Stand der Wissenschaft handelt es sich bei den klassischen und protoklassischen Szenen des *Popol Vuh* um die älteste gut dokumentierte Mythologie der Neuen Welt.

Das *Popol Vuh*: Die Uranfänge

Der erste Teil des *Popol Vuh* umfaßt eine bewegende Beschreibung der Erschaffung der Welt und ihrer Bewohner aus Ur-Meer und Ur-Erde. Wie in dem Fünf-Sonnen-Mythos der Azteken ist auch hier von mehrfachen Weltenschöpfungen und -zerstörungen die Rede, von denen eine jede mit einer bestimmten Menschenrasse assoziiert wird. Hier erfolgt die Erschaffung und Vernichtung der verschiedenen Menschenrassen jedoch aus einem bestimmten Grund. Dem *Popol Vuh* zufolge ist es Aufgabe der Menschen, die Götter mit Gebeten und Opfergaben zu ernähren und zu erhalten. Diese Vorstellung wird im *Popol Vuh* recht wörtlich genommen, so daß sich der Schöpfungsbericht an einem Punkt wie die Abmessung und Vorbereitung eines quadratischen Maisfeldes mit einer Meßschnur liest:

> Das vierfache Ziehen der Seiten, das vierfache Markieren der Ecken,
> messend vierfaches abstecken,
> die Schnur halbierend, die Schnur spannend,
> im Himmel, auf der Erde,
> die vier Seiten, die vier Ecken.

Schließlich werden es die Maismenschen sein, Produkte dieses kosmischen Ackers, denen es gelingt, die Versorgung der Götter zu gewährleisten.

Daß sich in Literatur und Kunst der Maya nur wenig aus diesem ersten Teil des *Popol Vuh* wiederfindet, mag zumindest teilweise an dem eher allgemein-abstrakten Charakter der kosmischen Vorstellungen liegen, der hier im Unterschied zu anderen, bildhafteren mythischen Episoden vorherrscht. Auch bei den Yucatec stellte man sich die Welt als vierseitiges Maisfeld vor. Viele der Elemente, die in dem Anfangsteil des *Popol Vuh* beschrieben werden, etwa die mehrfachen Schöpfungen und die dualistische Entgegensetzung von Himmel und Erde, gehören wahrscheinlich zu den ältesten und fundamentalsten Merkmalen der mesoamerikanischen Religion.

Das Schöpfungsepos des *Popol Vuh* setzt mit der Beschreibung der grenzen- und bewegungslosen Flächen von Meer und Himmel vor der Erschaffung der Erde ein:

> Noch existiert kein Mensch, Tier, Vogel, Fisch, Krebs, Baum, Wald, Fels, nicht eine Mulde, Schlucht, Wiese. Nur der Himmel allein ist da; das Angesicht der Erde ist nicht klar. Nur die See allein breitet sich unter dem weiten Himmel aus; gar nichts ist gesammelt. Es ist in Ruhe; nicht ein einziges Ding rührt sich. Es wird zurückgehalten, in Ruhe unter dem Himmel.

Unten im Wasser liegt die zusammengerollte und von schimmernden blauen und grünen Federn umgebene gefiederte Schlange Gucumatz. Oben am Himmel steht ›Herz des Himmels‹, oder Huracan, in Gestalt dreier Blitze. Aus der Stille dieser Ur-Finsternis heraus entspinnt sich ein Gespräch zwischen Gucumatz und Herz des Himmels über die Schöpfung, die erste Morgendämmerung, die Erschaffung der Menschen und ihrer Nahrung. Wie durch Zauber erheben sich allein durch diese Worte Berge und Erde aus dem Wasser und bedecken sich sogleich mit Zypressen- und Kiefernwäldern.

Um diese neu erschaffene Welt zu bevölkern, bringen die Schöpfergottheiten Vögel, Hirsche, Jaguare, Schlangen hervor – kurz alles Getier der bewaldeten Berge. Nachdem sie den Tieren Schutz und Unterkunft geschaffen haben, fordern die Schöpfer das Getier

Die Blitzgottheit ›Gott K.‹ oder Kauil, eine mögliche Erscheinungsform Huracans. Detail einer spätklassischen Maya-Vase

auf, sie zu preisen und anzubeten. Doch die Tiere können nicht sprechen:

> Sie quakten bloß, sie heulten bloß, sie schnatterten bloß. Es war nicht deutlich, welche Sprache sie redeten, ein jeder rief mit anderer Zunge.

Da die Tiere nicht sprechen und damit die Götter nicht anrufen können, beschließen die Schöpfer, sie auch nicht über die Erde gebieten zu lassen. Statt dessen sollen die Tiere in der Wildnis bleiben, um den Menschen als Nahrung zu dienen, die die Götter schließlich angemessen verherrlichen und erhalten werden.

Zum zweitenmal machen sich die Schöpfer also daran, Menschen herzustellen, und modellieren eine Gestalt aus Ton. Doch obwohl dieser Mensch spricht, haben seine Worte keinen Sinn, sein Leib ist schwächlich und beginnt bald zu zerfallen. Nachdem die Götter eingesehen haben, daß ihr Geschöpf weder lebens- noch fortpflanzungsfähig ist, zerstören sie die Figur und beginnen mit einem neuerlichen Versuch.

Aus den vorangegangenen Mißerfolgen klug geworden, beraten sich Herz des Himmels und Gucumatz mit dem alten Wahrsagerpaar Xpiyacoc und Xmucane. Die Tage des heiligen Kalenders abzählend, lesen die beiden Alten in den Mustern der Maiskörner und roten Samen, die sie als Orakel ausgeworfen haben. Darauf erklären sie, man solle die Menschen aus Holz bilden. Die Schöpfer stimmen zu, sprechen ihr ›Es geschehe‹, und sogleich bevölkert sich die Erde mit Menschen aus Holz, das heißt, die Männer dieser Rasse sind aus Holz gebildet, die Frauen dagegen aus Schilfgras. Obgleich diese Kreaturen das Aussehen von Menschen haben, sprechen und sich vermehren wie sie, sind sie eben hölzern, blut- und ausdruckslos. Den Holzmenschen fehlt die Seele, sie zollen ihren Schöpfern keinen Respekt und beten sie nicht an. Daraufhin beschließen die Schöpfer, diese Menschen zu demütigen und zu vernichten, und schicken eine große Flut. Ein Regen aus Harz geht vom Himmel nieder, und wütende Dämonen zerreißen die Holzmenschen. Alles, selbst die Tiere und Gerätschaften, wendet sich gegen sie:

> In ihre Häuser kamen ihre Tiere, groß und klein.
> Ihre Gesichter wurden zerschmettert von hölzernen und steinernen Dingen.
> Alle Dinge sprachen: ihre Wasserkrüge, ihre Tortillaroste, ihre Teller, ihre Kochtöpfe, ihre Hunde, ihre Mahlsteine, alles und jedes Ding zerschmetterte ihnen das Gesicht.

Fliehend suchen sich die Holzmenschen zu retten, doch es gibt kein Entkommen, überall werden sie zurückgestoßen und getötet. Die Nachkommen dieser Holzgeschöpfe sind die Affen des Waldes, übriggeblieben als (vielleicht warnendes) Zeichen und als Erinnerung an diese alte, geistlose Schöpfung.

Nach der Flut und der Vernichtung der Holzrasse ist die Erde wiederum ohne Menschen und die Götter immer noch ohne Geschöpfe, die sie mit Opfergaben und Gebeten nähren und erhalten könnten. Die Erschaffung der richtigen menschlichen Wesen gelingt schließlich erst, nachdem die göttlichen Heldenzwillinge die Welt von Dämonen befreit und den Stoff, aus dem das menschliche Fleisch gemacht ist, herbeigebracht haben.

Die göttlichen Zwillinge und die Bezwingung Xibalbas

Der zweite Hauptteil des *Popol Vuh* handelt von den Heldentaten mehrerer Zwillingspaare, die zwei miteinander verwandten Familien entstammen. Die älteren Zwillinge, Kinder des Wahrsagerpaars Xpiyacoc und Xmucane, sind nach den Kalenderdaten **Hun Hunahpu** (Eins Hunahpu) und **Vucub Hunahpu** (Sieben Hunahpu) benannt. Hun Hunahpu wiederum ist Vater der Zwillinge **Hun Batz** und **Hun Chouen**, die von Vater und Onkel zu großen Künstlern und Artisten erzogen werden. **Xquic**, die von Hun Hunahpu geschwängert wird, bringt ein weiteres Zwillingspaar zur Welt, **Xbalanque** und **Hunahpu**, die göttlichen Heldenzwillinge, die das Vogelungetüm **Vucub Caquix** erlegen werden. Ihr größter Triumph jedoch ist ihr Sieg über die Totengötter und Dämonen von Xibalba, der düster-schrecklichen Unterwelt.

Hun Hunahpu und Vucub Hunahpu sind große Freunde des Spiels und lieben es, mit Hun Hunahpus Söhnen Hun Baz und Hun Chouen zu würfeln oder auf ihrem steinernen Spielfeld Ball zu spielen. Obgleich sich dieses Spielfeld auf der Erde befindet, stellt es gleichzeitig den Pfad in die bedrohliche Unterwelt Xibalba dar. Die Hauptgötter Xibalbas, Hun Came und Vucub Came (Eins Tod und Sieben Tod) sind über den Lärm, den das Ballspiel über ihren Köpfen verursacht, erbost und rufen alle Götter und Dämonen des Todes und der Krankheit herbei, um die Störenfriede zu verderben. Nach eingehenden Beratungen schicken die Totengötter vier Eulenbotschafter hinauf, die Hun Hunahpu und Vucub Hunahpu die Einladung zu einem Ballspiel in Xibalba überbringen. Xmucane, die Mutter der Zwillinge, versucht die Söhne zwar davon abzuhalten, doch die beiden erklären sich bereit, den Eulen in die tödliche Unterwelt zu folgen.

Der Weg nach Xibalba ist weit und gefährlich, und die Zwillinge müssen verschiedene Hindernisse wie ungezähmte Stromschnellen, dornige Pfähle und einen Fluß von Blut überwinden. Doch sie bestehen tapfer jede Gefahr, bis sie schließlich an einen Kreuzweg kommen, von dem vier verschiedenfarbige Pfade ausgehen. Sie wählen den schwarzen Pfad und treffen damit die falsche Entscheidung, die bald zu ihrem Untergang führen wird. Bei ihrer Ankunft in Xibalba begrüßen die Zwillinge die Götter der Unterwelt, doch tatsächlich haben sie nur hölzerne Puppen vor sich, die mit den Gewändern der Totengötter bekleidet sind. Angesichts dieses Irrtums wollen sich die siegesgewissen Bewohner Xibalbas vor Lachen geradezu ausschütten. Sie laden Hun Hunahpu und Vucub Hunahpu ein, auf einer Bank Platz zu nehmen, die jedoch keine gewöhnliche Ruhebank, sondern eine glühendheiße Steinplatte ist:

> Nun also verbrannten sie sich an der Bank; heftig sprangen sie auf der Bank umher, doch fanden sie keine Erleichterung. Sie sprangen sehr schnell in die Höhe, weil sie sich ihr Hinterteil verbrannt hatten. Darauf lachten die Bewohner Xibalbas von neuem, sie brüllten schier vor Lachen.

Als letzte Aufgabe fordern die Herren Xibalbas von den Zwillingen, einige ihnen anvertraute Zigarren und Fackeln während ihres Aufenthaltes im Haus der Finsternis bis zum Morgengrauen sowohl unversehrt als auch in Brand zu halten. Bei Tagesanbruch stellen die Totengötter fest, daß die Zwillinge diese unlösbare Aufgabe tatsächlich nicht bewältigt haben – die Zigarren und Fackeln sind gänzlich abgebrannt.

Auf diese Weise von den Herren der Unterwelt überlistet, werden die Zwillinge geopfert und auf dem Ballspielplatz des Totenreichs begraben. Als Zeichen ihres Triumphes hängen die Götter dieser düsteren Region das Haupt Hun Hunahpus in einen dürren Baum. Sogleich ist dieser Baum mit einer Unzahl von Flaschenkürbissen beladen, wobei sich das Haupt Hun Hunahpus in eine dieser runden Früchte verwandelt. Als die Unterwelt-Jungfrau Xquic von diesem Wunderbaum erfährt, kommt sie herbei, um ihn mit eigenen Augen zu sehen. Dabei fragt sie sich laut, ob sie nicht eine der Früchte pflücken solle. Hun Hunahpus Haupt hört Xquics Worte und antwortet ihr, die Früchte seien nichts anderes als lauter Totenschädel. Trotzdem bittet die Jungfrau um eine

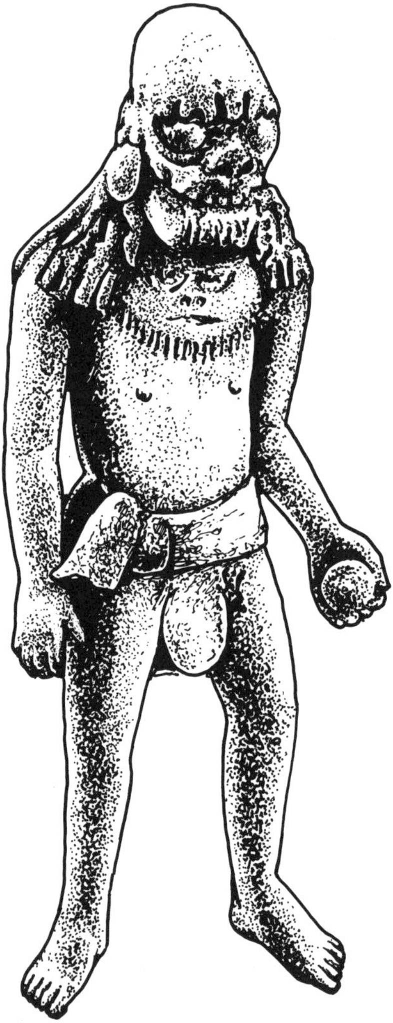

Totengott-Ballspieler. Keramikfigurine im Jaina-Stil, spätklassisch Maya

Frucht. Indem er ihr in die Hand spuckt, schwängert der Totenschädel daraufhin Xquic und erklärt ihr mit den folgenden Worten sein Wesen:

> Es ist nichts als ein Zeichen, das ich dir gebe, meinen Speichel, meine Spucke. Diesen meinen Schädel bedeckt nichts, nichts ist er als Knochen, kein bißchen Fleisch. Geradeso steht es mit dem Schädel des großen Herrschers: Es ist nur das Fleisch, das sein Antlitz verschönt. Und wenn er stirbt, fürchten sich die Menschen vor seinen Gebeinen. Danach ist sein Sohn wie sein Speichel, seine Spucke in seinem Dasein, ob Sohn eines Herrschers oder Handwerkers und Redners. Der Vater verschwindet nicht, sondern fährt fort, sich zu erfüllen.

Nach einer Weile bemerkt Xquics Vater ihren Zustand und verlangt zu wissen, wer der Vater des Kindes sei. Trotz ihrer standhaften Beteuerungen, nie einen Mann gekannt zu haben, beschließt der Vater, sie zu töten. Die Eulenboten tragen Xquic davon, um sie zu opfern, doch gelingt es ihr, die Vögel davon zu überzeugen, sie zu verschonen. Anstatt mit dem blutigen Herzen Xquics kehren sie mit einem klebrigen Klumpen Harz, dem Blut der Bäume, zurück. Als die Herren des Todes das Harz als Weihrauch verbrennen, versetzen die Harzdämpfe sie in Trance, so daß die Eulen Xquic unbemerkt an die Oberfläche hinaufführen können. So überlistet die Jungfrau die Götter Xibalbas.

Xquic begibt sich zum Haus Xmucanes, der Mutter der getöteten Zwillinge, und erklärt ihr, sie sei die Frau Hun Hunahpus und somit ihre Schwiegertochter. Xmucane indessen ist vom Tod ihrer Söhne überzeugt und will mit dem schwangeren Mädchen nichts zu tun haben. Um sich Klarheit zu verschaffen, stellt sie Xquic auf die Probe. Sie schickt die vorgebliche Schwiegertochter um Mais auf das Feld von Hun Batz und Hun Chouen, und obwohl auf dem Feld nur eine einzige Maispflanze steht, kehrt das Mädchen mit einem prall gefüllten Netz zurück. Damit hat sie den Beweis erbracht, daß sie wirklich die Frau Hun Hunahpus ist.

Nach einiger Zeit bringt Xquic die Heldenzwillinge Hunahpu und

Xbalanque zur Welt, deren Ankunft von der Verwandtschaft jedoch keineswegs begrüßt wird, obgleich sie die Kinder Hun Hunahpus sind. Weder ihre Großmutter Xmucane noch Hun Batz und Hun Chouen, die eifersüchtig auf die jüngeren Halbbrüder sind, zeigen sich erfreut. Während das ältere Brüderpaar tanzt, musiziert und sich mit sonstigen künstlerischen Tätigkeiten beschäftigt, unternehmen Hunahpu und Xbalanque, sobald sie alt genug sind, Streifzüge durch den Wald, wo sie allerlei Tiere mit ihren Blasrohren erlegen. Die verwöhnten älteren Brüder nehmen ihnen jedoch die Beute weg und lassen den eigentlichen Jägern nichts als Knorpel und Knochen übrig. Eines Tages kehren Hunahpu und Xbalanque mit leeren Händen heim und berichten, daß sich die erlegten Vögel hoch oben in einem Baum verfangen hätten. Hun Batz und Hun Chouen erklären sich bereit, auf den Baum zu klettern. Während sie klettern, schießt der Baum plötzlich in unerreichbare Höhen; die erschrockenen Brüder rufen nach Xbalanque und Hunahpu und bitten sie um Hilfe. Diese antworten: »Löst eure Lendentücher und bindet sie so um die Hüften, daß euch das lange Ende hinten wie ein Schwanz herabhängt – so

Die Mücke, Verbündete der Zwillinge. Detail einer spätklassischen Maya-Vase

könnt ihr euch besser bewegen.« Kaum sind Hun Batz und Hun Chouen, von den jüngeren Brüdern schlecht beraten, ihren Anweisungen gefolgt, verwandeln sie sich in Waldaffen. Doch fallen die beiden nicht dem Vergessen anheim, sondern werden die Schutzgötter der Tänzer, Musiker und Künstler.
Nach dem Rückgang der großen Flut ist die Erde von verschiedenen schrecklichen Ungeheuern bewohnt. Das größte Scheusal ist Vucub Caquix, Sieben Makao, ein prahlerischer Riesenvogel, der sich für die Sonne, den Mond und den Herrscher über alles und jeden hält. Von dieser hohlen Großtuerei aufgebracht, beschließen Hun Hunahpu und Xbalanque, das Vogelungetüm zu töten. Sie verstecken sich unter dem Baum mit seinen Lieblingsfrüchten und erwarten es dort mit ihren Blasrohren. Als Vucub Caquix sich in die Lüft erhebt, schießt ihm Hunahpu ins Gesicht. Verwundet und erzürnt stürzt sich der Vogel auf den Schützen, reißt ihm einen Arm ab und fliegt mit dieser Beute davon. Hierauf nehmen die Zwillinge ein altes Paar in ihre Dienste, die zu Vucub Caquix gehen sollen, um sich vor ihm als Heiler auszugeben. Sie suchen den Vogel auf und bieten ihm an, seine schmerzenden Augen und Zähne zu kurieren. Das Greisenpaar überzeugt Vucub Caquix tatsächlich davon, daß die betroffenen Körperteile ausgetauscht werden müssen. Vucub Caquix willigt ein, doch statt neuer Zähne setzen ihm die beiden Alten Maiskörner ein. Nach dem Verlust seiner Zähne und Augen bleibt Vucub Caquix nichts von seiner vormaligen Macht und Herrlichkeit, und er stirbt. Das alte Heilerpaar fügt den abgetrennten Arm Hunahpus wieder an den Stumpf und kuriert ihn vollständig.
Wie Vater und Onkel vor ihnen, lernen auch die Heldenzwillinge das Ballspiel auf ihrem Spielfeld. Wieder sind die Götter Xibalbas erbost über das ständige Stampfen und Kollern über ihren Köpfen und senden die Eulenboten aus, die die Zwillinge in die Unterwelt bestellen. Bei ihrem Abstieg in die düsteren Gefilde müssen auch sie mancherlei tödliche Gefahren bestehen und mehrere Flüsse von Blut und Eiter überqueren, bis sie an den Kreuzweg gelangen. Hier reißt sich Hunahpu ein Haar vom Schienbein und formt daraus eine Mücke, die als Späher vorausfliegen und die Götter der

Unterwelt stechen soll. Zuerst stürzt sich das Insekt auf die hölzernen Götterbilder, doch dann macht es die wahren Götter aus, die sich bei seinen Stichen gegenseitig beim Namen rufen. Auf diese Weise erfahren die Zwillinge die Namen aller Herren der Unterwelt.

Bei ihrer Ankunft im Palast der Götter Xibalbas ignorieren Xbalanque und Hunahpu die hölzernen Abbilder ebenso wie die glühend heiße Bank und begrüßen die echten Totengötter höflich und korrekt mit ihren Namen. Hierauf schicken diese sie verblüfft, doch siegesgewiß mit Zigarren und Fackeln in das Haus der Finsternis. Doch die schlauen Zwillinge stecken rote Makao-Federn an die Spitzen der Fackeln und Glühwürmchen an die Enden der Zigarren, so daß alle zu brennen scheinen. Bei Tagesanbruch sind die Fackeln und Zigarren noch so gut wie neu. Dann spielen die Zwillinge mit den Totengöttern Ball, wobei sie jedoch geschlagen werden. Im Laufe der Nacht haben Xbalanque und Hunahpu weitere Proben zu bestehen, doch dank ihrer Klugheit durchlaufen sie das Haus der Messer, das Haus der Kälte, das Haus des Jaguars und das Haus des Feuers unverletzt. Endlich schickt man sie noch in das Haus der Fledermäuse, einen Raum voller blutrünstiger, messernasiger Fledermäuse. Zum Schutz verstecken sich die Zwillinge in ihren Blasrohren. Hunahpu jedoch steckt den Kopf heraus, um zu sehen, ob der Morgen schon graut, und im selben Augenblick stößt die Killerfledermaus Camazotz herab und reißt ihm den Kopf ab. Hunahpus Haupt wird zum Ballplatz gebracht, und bei seinem Anblick triumphieren die Totengötter und Dämonen angesichts ihres sicheren Sieges über die Zwillinge.

Xbalanque bleibt unterdessen nicht untätig und ruft in den Stunden vor der Dämmerung alle Tiere herbei. Diese bringen ihre jeweilige Speise mit: einige schleppen Gräser und Blätter heran, andere allerlei Verrottetes. Endlich kommt der Coati (ein waschbärähnliches Tier) mit einem Kürbis, den Xbalanque statt Hunahpus Kopf auf dessen Halsstumpf setzt. Wunderbarerweise nimmt der Kürbis die Gesichtszüge Hunahpus an, kann sehen und sprechen. Bei Tagesanbruch erscheinen die Zwillinge auf dem Ballplatz, als sei nichts geschehen.

Camazotz, die Killerfledermaus. Detail einer spätklassischen Maya-Vase im Chama-Stil, Guatemala

Die Totengötter beginnen das Spiel, indem sie Hunahpus echten Kopf als Ball auf das Spielfeld werfen. Xbalanque versetzt diesem Kopf-Ball einen so kräftigen Stoß, daß er über das Spielfeld hinaus in den angrenzenden Wald fliegt. Ein Kaninchen, das dort schon wie verabredet gewartet hat, hüpft sogleich ins Gebüsch und verwirrt damit die Totengötter, die es für den davonrollenden Kopf halten. Während sie durch das Kaninchen abgelenkt sind, holt Xbalanque den echten Kopf und setzt ihn auf Hunahpus Schultern. Als die Totengötter zurückkommen, werfen die Zwillinge den Kürbis auf das Spielfeld:

> Der Kürbis wurde von Xbalanque gestoßen, der Kürbis zerbarst; er fiel auf das Spielfeld, und seine hellen Kerne kamen ans Licht, so deutlich wie der Tag vor ihnen.

Die genasführten Totengötter müssen sich nun vorerst auf ihrem Opfer-Spielfeld geschlagen geben.
Doch trotz ihres Sieges wissen Xbalanque und Hunahpu sehr wohl, daß die Totengötter nicht ruhen werden, bis sie die Zwillinge getötet haben. Die Herren Xibalbas bauen eine große Feuergrube und fordern Xbalanque und Hunahpu auf, sie zu überspringen. Dem Wunsch der Totengötter scheinbar nachgebend, springen die Zwillinge mutig in die Grube hinein und kommen um. Später zermahlen die Götter Xibalbas die verkohlten Gebeine und werfen das Knochenmehl in den Fluß. Doch es wird nicht fortgespühlt, sondern sinkt auf den Grund, und nach fünf Tagen kehren die Zwillinge in Gestalt von Fischmenschen wieder. Am folgenden Tag begeben sie sich als zerlumpte, umherziehende Gaukler verkleidet zurück nach Xibalba. Nachdem den Herren von Xibalba die wundervollen Tanzkünste der beiden zu Ohren gekommen sind, schicken sie nach den vermeintlichen Gauklern, um sich im Palast etwas vorführen zu lassen. Nach vielen Tänzen verlangt man von den beiden, einen Hund zu opfern und wieder zum Leben zu erwecken. Das vollbringen sie; daraufhin schlagen sie einem Mann den Kopf ab und erwecken auch ihn wieder zum Leben. Dann enthauptet Xbalanque Hunahpu, reißt ihm das Herz aus dem Leib, um dann auch ihn wieder lebendig zu machen. Die mächtigsten Totengötter, Hun Came und Vucub Came, sind so begeistert von diesem Wundertanz, daß sie darum bitten, ebenfalls getötet und wiedererweckt zu werden. Tatsächlich töten die Zwillinge den einen, doch lassen sie ihn leblos liegen.

> Sobald sie den einen Herrscher getötet hatten, ohne ihn wieder lebendig zu machen, wurde der andere weinerlich und lammfromm vor den Tänzern. Er schickte sich nicht drein, er nahm es nicht an:

›Habt Erbarmen mit mir!‹ sagte er, als er begriff. Alle ihre Vasallen nahmen den Weg zu der großen Schlucht, ihre Masse füllte den Abgrund gänzlich.

So ist es durch List und Schläue den Zwillingen schließlich gelungen, das böse Reich Xibalba gänzlich zu besiegen. Sie erscheinen vor den geschlagenen Bewohnern der Unterwelt, geben sich zu erkennen und drohen den Xibalbanern an, einen jeden von ihnen zu töten. Die Xibalbaner bitten um Gnade und verraten, wo Vater und Onkel der Zwillinge begraben liegen. Darauf erklären sich die beiden Sieger bereit, die Bewohner Xibalbas zu verschonen, doch sie teilen ihnen mit, daß sie zukünftig keine Macht mehr besitzen werden:

> Hört alle, ihr Bewohner von Xibalba: deshalb also werden eure Tage und eure Nachkommen nicht groß sein. Überdies werden die Gaben, die ihr erhaltet, nicht mehr groß sein, sondern sich vermindern zu schorfigen Klümpchen Pflanzensaft. Für euch wird es kein klar tropfendes Blut geben, nur Kürbisse, nur kleine, zerstückelte Dinge.

Hierauf holen die Zwillinge die Überreste ihres Vaters und ihres Onkels zurück, sprechen zu ihnen und versichern, daß man sie fortan verehren und anbeten werde. Danach steigen Xbalanque und Hunahpu in den Himmel auf, wo sie zu Sonne und Mond werden.

Der Ursprung von Mais und Menschen

Die bösen Götter und Dämonen der Erde und Unterwelt sind nun zwar vernichtet, doch gibt es immer noch niemand, der die Götter ernähren und erhalten könnte. Also senden Gucumatz und Herz des Himmels in den Stunden vor der Morgendämmerung den Fuchs, den Koyoten, den Papagei und die Krähe aus, um vom Paxil und Cayala, einem mit Früchten und Samen an-

*Der Maisgott der Maya.
Steinskulptur aus Tempel 22,
Copan, Honduras.
Spätklassische Periode*

gefüllten Berg, gelben und weißen Mais herbeizuschaffen. Die alte Xmucane mahlt den Mais zu Mehl, woraus die ersten vier Menschenmänner gemacht werden. Im Gegensatz zu ihren Vorgängern, den Holzmenschen, besitzen die Maismenschen Wissen und Verstand und zollen ihren Schöpfern angemessenen Dank. Doch Gucumatz und Herz des Himmels sind beunruhigt – diese Maismenschen haben unendlich scharfe Augen: sie sehen alles auf der Erde und im Himmel, bis an die Grenzen des Universums. Die beiden Schöpfer sind sich bald einig, daß diese Geschöpfe ihnen selbst zu sehr gleichen und ihre Kräfte deshalb vermindert werden müssen. Also hauchen die Götter einen Nebel über die Augen der Männer, der ihre Sehkraft trübt, wie der Atemhauch einen Spiegel, so daß sie nur noch die Dinge in ihrer Nähe klar erkennen können. Als Trost für den Verlust ihrer universellen Sehkraft und um sie trotzdem glücklich zu machen, gesellen die Götter den Männern nun vier wunderschöne Frauen bei. Diese vier Paare sind die Ahnen der ersten vier Stämme der Quiché.

In der Finsternis begeben sich diese nach Tulan Zuiva, dem Ort der Sieben Höhlen und Sieben Schluchten, wo die vier ersten Stämme der Welt ihre Götter begrüßen. Unter diesen ist auch Tohil, ein Schutzgott der Quiché und Quelle des Feuers. Als die Völker schließlich Tulan mitsamt ihren Göttern verlassen, sprechen sie keine gemeinsame Sprache mehr. In den dunklen Stunden vor Tagesanbruch macht sich ein jedes Volk in eine andere Richtung auf. Die Quiché schlagen den Weg nach Westen ein, und während sie sich fastend auf die Suche nach der Morgendämmerung machen, blicken sie zurück gen Osten, der Region von Tulan Zuiva. Schließlich erreichen sie den Berg Hacauitz, wo sie Zeuge der Morgenröte werden. Bei Erscheinen des Morgensterns bieten die Quiché dem Osten freudig Weihrauch dar, und bald darauf erscheint die Sonne:

> Die Sonne, als sie sich zeigte, war wie eine Person. Ihr Gesicht war heiß, und sie trocknete die Oberfläche der Erde aus. Bevor die Sonne aufgegangen war, war es feucht, und die Oberfläche

der Erde war schlammig, bevor die Sonne aufging. Und als die Sonne nur ein wenig gestiegen war, da war sie wie eine Person, und ihre Hitze war unerträglich.

In diesem Augenblick erstarren die Götter der Quiché zu Stein, und mit ihnen so mächtige Tiere wie der Puma, der Jaguar und die Klapperschlange. Dies ist ihre Erscheinungsform, in der sie seit der ersten Morgendämmerung angebetet werden.

Das Schöpfungsepos des *Popol Vuh* in der Religion der klassischen Maya

Eine Vielzahl der Figuren und Ereignisse aus dem Abschnitt des *Popol Vuh*, der die göttlichen Zwillinge behandelt, sind schon in der Mythologie der klassischen Maya voll ausgebildet, d. h. schon siebenhundert Jahre, bevor dieses Manuskript im 16. Jahrhundert verfaßt wurde. Die kunstvoll bemalten und gravierten Keramikgefäße dieser Periode sind die kostbarsten klassischen Quellen des *Popol Vuh*. Der größte Teil der klassischen Keramik stammt aus dem guatemaltekischen Tieflanddschungel Petén, dem Zentrum des Gebiets der klassischen Maya. Während die Steinmonumente dieser Zeit meist historische Personen und deren Verherrlichung zum Inhalt haben, enthalten die auf den Keramikgefäßen dargestellten Szenen häufig mannigfaltige mythologische Anspielungen. Obgleich viele der auf den Gefäßen abgebildeten mythischen Szenen eine Beziehung zum *Popol Vuh* aufweisen, sind auch solche zu finden, die in dem kolonialen Quiché-Text nicht auftauchen. Diese klassischen Szenen erhellen die dem *Popol Vuh* zugrunde liegenden, mitunter dunklen Bedeutungen.
Das klassische Gegenstück zu Hun Hunahpu, dem Vater der Heldenzwillinge, ist eine Erscheinungsform des Maisgottes. Diese Gottheit wird mit einer abgeflachten, übertrieben hohen Stirn dargestellt, die häufig noch durch rasierte Stellen, die die Haarbüschel oberhalb der Stirn und auf der Mitte des Kopfes konturieren, hervorgehoben wird. Der in die Länge gezogene, rasierte Kopf imi-

tiert einen reifen, noch an der Pflanze sitzenden Maiskolben, das Haarbüschel auf der Kopfmitte die seidigen Fäden am oberen Ende des Kolbens. Das Abernten der Kolben von den Maispflanzen repräsentiert die Enthauptung des Maisgottes, ein Schicksal, das er mit Hun Hunahpu teilt. Auf einem spätklassischen Keramikgefäß erscheint das Haupt des Maisgottes an einem Kakaobaum hängend, zwischen den Kakaofrüchten ist ein weiterer, teilweise in eine Kakaofrucht verwandelter menschlicher Kopf zu erkennen.

Das Haupt des Maisgottes in einem Kakaobaum. Ein zweiter, teilweise in eine Kakaofrucht verwandelter menschlicher Kopf befindet sich rechts oben. Detail einer spätklassischen Maya-Vase

Obgleich der Kopf hier nicht zu einem Flaschenkürbis, sondern einer Kakaofrucht wird, stellt diese Szene deutlich eine Version jener Episode des *Popol Vuh* dar, in der das abgeschlagene Haupt Hun Hunahpus in einen Baum gehängt wird.

Die für die klassische Form Hun Hunahpus dokumentierten Episoden sind jedoch bei weitem detaillierter und komplexer als die des frühkolonialen *Popol Vuh*. Häufig ist dieser klassische Hun Hunahpu mit oder in stehenden Gewässern abgebildet, wahrscheinlich als Verweis auf Xibalba, da die alten Maya sich die Unterwelt als feuchten oder nassen Ort vorstellten. In einer wichtigen Episode wird er im Wasser stehend gezeigt, umringt von einer Schar anmutiger junger Frauen, die ihn in seine Gewänder und Geschmeide kleiden. Mitunter trägt diese Szene gewisse erotische Züge, doch es bleibt unklar, ob die jungen Schönen seine Ehefrauen sind. Anscheinend wird er für eine Reise angekleidet, und tatsächlich läßt er sich in einer anderen, verwandten Szene in einem Kanu fortpaddeln. Obgleich hier auch die Reise in den Tod gemeint sein könnte, wird wahrscheinlich zugleich auf die letztendliche Wiederauferstehung dieser Hun Hunahpu-Figur vorausgewiesen.

Die klassische Form Hun Hunahpus ist häufig als Tänzer und Künstler dargestellt, doch wie im *Popol Vuh* ist er es nicht selbst, der als Schutzpatron der Künstler und Schreiber figuriert. Auch in der klassischen Periode ist dies der Part seiner Söhne Hun Batz und Hun Chouen. In der typischen Ikonographie der klassischen Maya erscheinen Hun Batz und Hun Chouen als mit Schreibgerät und Tintenfaß ausgestattete Affen (in die sie von ihren Halbbrüdern Hunahpu und Xbalanque verwandelt wurden), die in ein Faltbuch malen.

Die göttlichen Zwillinge Hunahpu und Xbalanque sind häufig in Kunst und Schrifttum der klassischen Maya anzutreffen. Üblicherweise tragen beide das dem Herrschertum der Maya zugeordnete rotweiße Stirnband aus Stoff. Das Gesicht Hunahpus dient außerdem als Glyphe des Tagesnamens *ahau*, was soviel wie ›König‹ bedeutet. Häufig werden die Zwillinge gemeinsam mit ihrem Vater und den Affen-Schreibern abgebildet, oder auch mit ihren

Blasrohren, mit denen sie die klassische Form des Vogelscheusals Vucub Caquix erlegen. Dieser Vogel ist hier kein Makao, sondern ein mythisches Mischwesen mit schlangengesichtigen Schwingen und einem langen, gebogenen Schnabel, dem der Königsgeier zum Vorbild gedient haben mag.

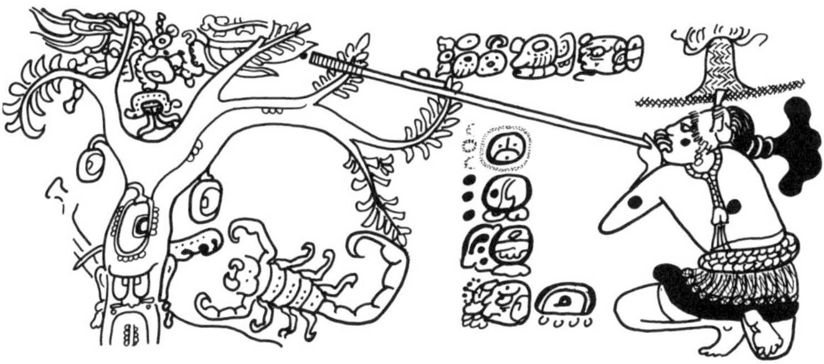

Hunahpu schießt Vucub Caquix aus dessen Lieblingsbaum. Szene auf spätklassischer Maya-Keramik

Die Bezwingung des Riesenvogels durch die Heldenzwillinge ist in der vorklassischen Maya-Kunst, d. h. zu Beginn der Maya-Zivilisation, ein sehr gebräuchliches Motiv. Fundstücke aus Izapa, einer archäologischen Grabungsstätte in der südlichen Küstenregion Chiapas nahe der guatemaltekischen Grenze, zeigen deutlich, daß dieses Vogelscheusal schon damals einige Verwandtschaft mit dem Vucub Caquix des *Popol Vuh* aufweist. Zwei der Steinmonumente Izapas, die etwa vom Beginn unserer Zeitrechnung datieren, repräsentieren eine besonders frühe Version der Ereignisse um den Vucub Caquix. Auf der Izapa-Stele 2 ist der große Vogel dabei, sich auf seinem mit Früchten beladenen Baum niederzulassen, während zwei menschliche Gestalten auf den Baum zulaufen – wahrscheinlich die älteste bekannte Version der Heldenzwillinge in der Neuen Welt. Der Riesenvogel ist noch einmal am unteren Ende des Baumstammes zu sehen, doch zeigt sich hier

Der Sieg der Heldenzwillinge über Vucub Caquix. Izapa-Stele 2, protoklassische Periode

an seinem Unterkiefer der blanke Knochen, und ein Flügel liegt merkwürdig verkrümmt unter seinem Körper. Die gesamte Szene zeigt den Sieg der göttlichen Zwillinge über Vucub Caquix, die ihn aus seinem Früchtebaum schießen. Ein weiteres aufschlußreiches Monument aus Izapa ist die Stele 25, die den Riesenvogel über einem einarmigen Mann schwebend zeigt. Da aus der Wunde Blut strömt, ist der Arm offensichtlich gerade abgetrennt worden. Diese Szene stellt wahrscheinlich den Kampf dar, in dem Vucub Caquix Hunahpu den Arm abreißt und mit diesem davonfliegt.

Dieses Detail von der Izapa-Stele 25 (protoklassische Periode) stellt wahrscheinlich Hunahpu dar, dem der Arm abgetrennt worden ist

Wie im *Popol Vuh*, so werden auch die Heldenzwillinge der klassischen Maya-Kunst mit dem Ballspiel in Verbindung gebracht. An der Fundstätte Copan wurde ein Markierungsstein eines Ballspielplatzes gefunden, der eine Abbildung Hunahpus im Spiel gegen einen Totengott trägt. Auf einem weiteren spätklassischen Markierungsstein, der nahe Chinkultic im Hochland von Chiapas gefunden wurde, prellt ein mit Todessymbolen ausgestatteter Ballspieler mit den Hüften einen Ball, auf dem wiederum das Haupt Hunahpus schwach sichtbar eingeritzt ist. Damit erinnert diese Abbildung an die Episode des *Popol Vuh*, worin die Totengötter mit dem Haupt Hunahpus Ball spielen, nachdem es ihm im Haus der Fledermäuse abgetrennt und entwendet worden ist. Diese Markierungssteine verraten, daß die klassischen Maya auf ihren Spielplätzen das mythische Ballspiel zwischen den göttlichen Zwillingen und den Herren der Unterwelt Xibalba wiederholten.

Eines der bemerkenswertesten und gebräuchlichsten Motive auf Maya-Keramiken in Verbindung mit den Heldenzwillingen zeigt sie gemeinsam mit ihrem Vater, dem Maisgott. In einigen Szenen sind die Zwillinge auch mit einer Schar junger, nackter Frauen im Wasser stehend zu sehen. Dabei halten sie Schmuck und ein Sackbündel in den Händen, die als Insignien des Maisgottes gelten. Auf anderen Szenen ist zu sehen, daß dieses Sackbündel Maiskör-

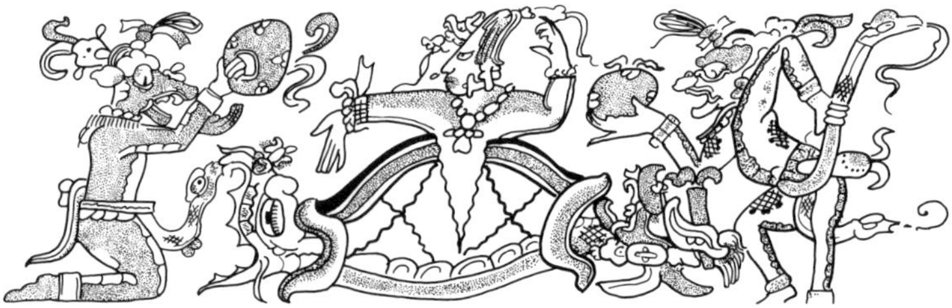

Diese klassische Gefäßmalerei zeigt die Erstehung des Maisgottes aus der Erde. Chacs zu beiden Seiten des geborstenen Schildkrötenpanzers schwingen blitzförmige Waffen, zu denen auch eine schlangenartig auslaufende brennende Axt (rechts) gehört

ner enthält, die das Wesen oder die Essenz des Maisgottes, ihres Vaters, repräsentieren. In einer verwandten Szene erscheinen die Zwillinge mit dem Maisgott, der einem Schildkrötenpanzer entsteigt. Die Schildkröte galt bei den klassischen Maya als Allegorie der auf dem Meer schwimmenden Erde, und wahrscheinlich stellt diese Szene die Wiedererweckung des Maisgottes von den Toten dar. In einer Gefäßszene sind ein Paar Chacs (Götter des Donners und Blitzes) mit blitzförmigen Waffen zu erkennen, die den Rückenpanzer flankieren; wahrscheinlich handelt es sich hierbei um die Maya-Version der Erlangung des Mais am Tonacatepetl (s. S. 66f.). Im Mythos der Maya – wie er heute noch fortwirkt – sind es die Chacs, die den Maisfelsen mit Blitzen spalten.

Obwohl die Wiedererweckung des Maisgottes durch die Heldenzwillinge und die Chacs im frühkolonialen *Popol Vuh* keine Erwähnung findet, ermöglicht diese Episode neue Einblicke in Sinn und Bedeutung der Reise der Zwillinge auf der Suche nach ihrem Vater. Neben der Rache für die Bluttat ist es ihre Aufgabe, den Maisgott wieder zum Leben zu erwecken und den Mais an die Erdoberfläche zu bringen. Der Sinn dieser Episode scheint sich jedoch nicht in der Erklärung des Ursprungs dieser wichtigen Nutzpflanze zu erschöpfen. Im *Popol Vuh* der Quiché folgt die Suche nach den kostbaren Körnern unmittelbar auf die Bezwingung Xibalbas und die partielle Wiedererweckung Hun Hunahpus und Vucub Hunahpus. Schließlich ist es der Mais, der den Urstoff für das gegenwärtige Menschengeschlecht, die Rasse der Maismenschen, abgibt. Entsprechend geht es für die klassische Periode bei der ausgedehnten Unterweltreise des Maisgottes und seiner Söhne letztendlich um den Ursprung oder die Erschaffung des Menschen aus dem Mais. Sowohl inhaltlich als auch dem Sinn nach ähnelt dies dem Abstieg Quetzalcoatls in die Unterwelt, wo es ihm gelingt, die Gebeine zurückzuerobern, aus deren Überresten dann die Menschen gebildet werden. In dem aztekischen Mythos sind es diese Gebeine, die von der greisen Göttin Cihuacoatl zu Mehl gemahlen werden, im *Popol Vuh* dagegen ist es der von Xmucane gemahlene Mais, der den Grundstoff liefert, aus dem endlich gültige Menschen geformt werden.

Die Mythologie der Maya Yucatans

Im Gegensatz zur Quellenlage für die Mythen der Quiché des Hochlandes steht für die Maya der Halbinsel Yucatan im 16. Jahrhundert nur wenig mythologisches Material zur Verfügung. Zwar finden sich in den Schriften Fray Diego de Landas detaillierte Informationen über Rituale und Kalendersysteme der Yucatec-Maya, leider jedoch nur spärliche Hinweise auf einzelne Mythen. Eine der wenigen Ausnahmen besteht in einer knappen Erwähnung der Himmelsträger und der Flut (s. S. 181). Die drei prähispanischen Bücher, bekannt als Dresdner, Pariser und Madrider Handschrift, enthalten nur dunkle Hinweise auf mythische Ereignisse. Der bisher noch nicht ausgedeutete ›Schlangen-Nummern‹-Abschnitt der Dresdner Handschrift bezieht sich auf Ereignisse, die sich in entfernter Vergangenheit, vor dem Beginn der Ära des gegenwärtigen Baktun-Zyklus, der 3114 v. Chr. einsetzt, zutrugen. Wie andere vorklassische Daten markieren diese vor 3114 v. Chr. angesetzten Daten wahrscheinlich mythologische Ereignisse wie die Herkunft einzelner Götter und die Erschaffung der gegenwärtigen Welt. Bemerkenswerterweise tritt die prähispanische Version des göttlichen Zwillingspaares Xbalanque und Hunahpu auch in den Yucatec-Handschriften oft in Verbindung mit dem Maisgott auf. Obwohl die in der Ära kolonialen Kontakts entstandene Version des *Popol Vuh* nur für die Quiché-Maya erhalten ist, scheint also auch bei den nachklassischen Maya Yucatans eine Version in Umlauf gewesen zu sein.

Die wichtigsten Quellen der alten Mythologie der Yucatec-Maya sind die Bücher des Chilam Balam, Handschriften, die in indigenen Dorfgemeinschaften entstanden. Keine Handschrift dieser Quellengruppe datiert vor dem 17. Jahrhundert. Häufig sind die in ihnen überlieferten Mythen in Kalenderzyklen eingebettet, insbesondere jene, die auf der Langen Zählung der Maya basieren. Diese Praxis, die auf der zyklischen Zeitvorstellung der Maya beruht, wo bestimmte Ereignisse aufeinander verweisen und sich wiederholen, wirkt für den modernen Leser recht verwirrend. Sie folgt jedoch der traditionellen sakralen Erzählkonvention der

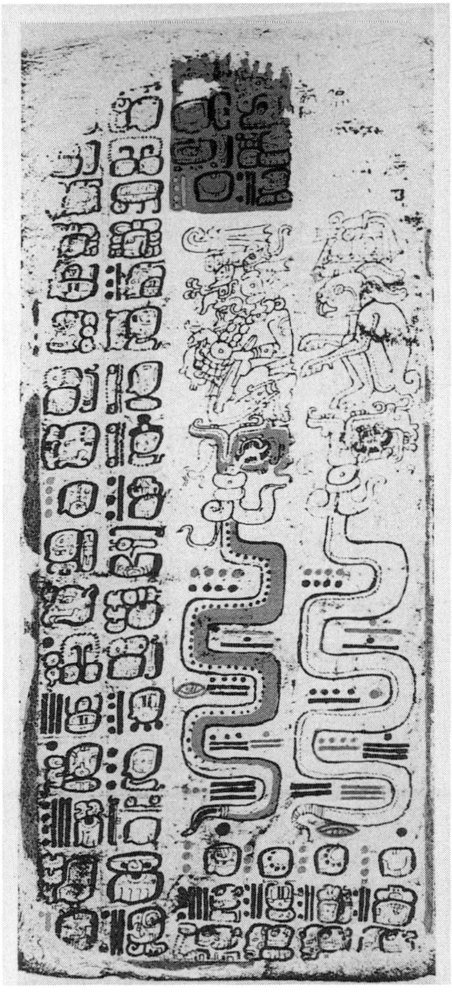

Abschnitt der ›Schlangen-Nummern‹-Passage. Chac und ein Kaninchen hocken in den Mäulern zweier Schlangen, die mit Nummern zur Versinnbildlichung der großen Zeitabschnitte markiert sind. Dresdner Handschrift, S. 61

Tiefland-Maya und damit einer Tradition von in der Tat beträchtlichem Alter. Auch die mythologischen Ereignisse des ›Schlangen-Nummern‹-Abschnitts der Dresdner Handschrift sind ähnlich strukturiert. Drei der Chilam-Balam-Bücher, nach ihren ursprünglichen Aufbewahrungsorten Chumayal, Tizimin und Mani benannt, enthalten praktisch die gleichen Hinweise auf die Flut und Neuschöpfung der Welt. Die in diesen Büchern enthaltenen diesbezüglichen Passagen weisen Parallelen mit aztekischer Schöpfungsmythologie, Berichten Landas und mit der prähispanischen Dresdner Handschrift auf.

Schöpfungsmythologie und Flut bei den Yucatec-Maya

In Diego de Landas *Relación de las cosas de Yucatán* aus dem 16. Jahrhundert wird die Flut in Verbindung mit den vier Himmelsträgern, den Bacabs, gesehen:

> Unter der Vielzahl von Göttern, die dieses Volk anbetete, verehrte es vier, von denen ein jeder den Namen Bacab trug. Sie sagten, es seien vier Brüder, die Gott, als er die Welt erschuf, an ihren vier Punkten aufstellte, daß sie den Himmel stützen, damit er nicht auf die Erde herabstürze. Sie sagten auch von diesen Bacabs, daß sie davonkamen, als die Welt von der Flut zerstört wurde.

Die Bacab-Himmelsträger stellen wahrscheinlich eine Form des alten Maya-Gottes Pauahtun dar. In der Kunst der alten Maya erscheint dieses altehrwürdige Wesen, ein quasi vierfaltiger Gott, häufig als Weltenträger und könnte für die den Himmel tragenden Berge an den vier Ecken der Maya-Welt stehen.
Die Berichte der kolonialen Chilam-Balam-Bücher über die Flut scheinen diese als Schöpfungsereignis zu deuten, da sie unmittelbar zur Erschaffung der gegenwärtigen Welt überleiten. Die Hauptakteure dieser Episode sind Ah Muzencab, möglicherweise

ein Gott der Bienen, Oxlahun-ti-ku und Bolon-ti-ku, deren Namen wahrscheinlich auf den Himmel bzw. die Unterwelt verweisen, da man annahm, der Himmel habe dreizehn (*oxlahun*), die Unterwelt neun (*bolon*) Regionen. Hier wird das Hereinbrechen der Flut von Ah Muzencab und Bolon-ti-ku verschuldet, die über Oxlahun-ti-ku herfallen, um ihm seine Insignien zu rauben. Wie in dem Bericht Landas, so werden die Bacabs in der Chumayel- und der Mani-Version mit der Flut in Verbindung gebracht:

> Ein plötzlicher Wasserschwall brach herein, als der Diebstahl der Insignien Oxlahun-ti-kus sich zutrug. Dann stürzte der Himmel, stürzte auf die Erde herab, als die vier Götter, die vier Bacabs, erfuhren, wer die Vernichtung der Welt herbeigeführt hatte.

Ebenso wie im *Popol Vuh* handelt es sich bei der Flut der Yucatec um die Vernichtung einer älteren, gedankenlosen Menschenrasse. Im Unterschied zu den anderen Texten findet jedoch der Stoff, aus dem diese älteren Menschen geformt waren, keine Erwähnung.

Die Mani- und die Tizimin-Version der Flutkatastrophe enthalten daneben die Tötung eines großen Erd-Kaimans, bekannt als Itzam Cab Ain, oder Riesen-Fisch-Erd-Kaiman, der sowohl mit der Erde als auch mit der Flut identifiziert wurde. In beiden Versionen ist es Bolon-ti-ku, der den Kaiman tötet:

> Dann tritt die große Überflutung der Erde ein. Dann steigt der große Itzam Cab Ain auf. Das Ende der Welt, die Falte des *katun*: das ist die Flut, die das Ende der Welt des *katun* sein wird. Aber sie stimmten nicht zu, die Neun Götter [Bolon-ti-ku]; und dann wird der Hals Itzam Cab Ains durchschnitten sein, welcher das Land auf seinem Rücken trägt.

Diese Szene weist deutliche Parallelen zu dem aztekischen Tlaltecuhtli-Mythos auf, in dem dieses Wesen oder auch ein großer Kaiman getötet wird, um die Erde zu erschaffen. Es ist wohl mög-

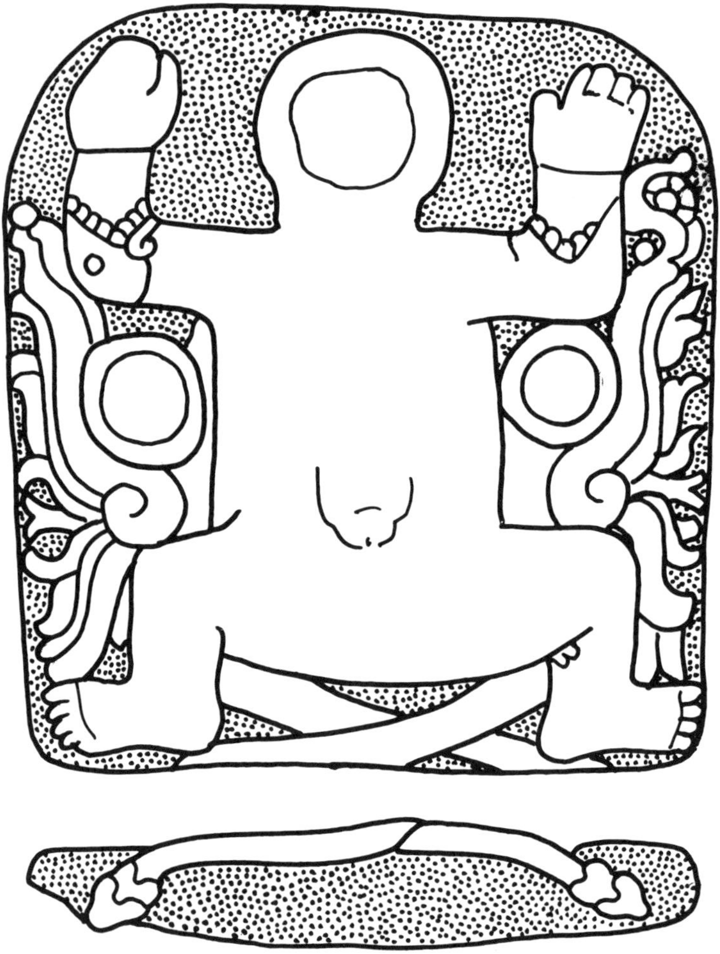

Diese Skulptur der Yucatec-Maya zeigt Tlaltecuhtli mit einem Paar verschlungener Schlangen. Mayapan, späte postklassische Periode

lich, daß dieser Teil der Maya-Version von der großen Flut eine aus Zentralmexiko stammende, postklassische Neuerung darstellt. Eine in der spätklassischen Yucatec-Fundstätte Mayapan entdeckte Skulptur zeigt eine Form der aztekischen Tlaltecuhtli in ihrer typischen, auf allen vieren hockenden Haltung. Das Schlangenpaar, das die Figur begleitet, erinnert an die aus der *Histoyre du Mechique* stammende Episode, wo sich Quetzalcoatl und Tezcatlipoca in zwei Schlangen verwandeln, die Tlaltecuhtli zerreißen. Gleich nach der Flut werden fünf Riesenbäume aufgepflanzt, die den Himmel abstützen – einer für jede der vier Himmelsrichtungen und einer in die Mitte. In den erwähnten drei Chilam-Balam-Berichten werden den Bäumen nicht nur Himmelsrichtungen, sondern auch Farben und Vögel zugeordnet. Im Chumayel-Chilam-Balam heißt es:

> Nachdem die Zerstörung der Welt vollbracht war, errichteten sie einen Baum, um den gelben Pirol hinaufzusetzen. Dann wurde der weiße Baum der Fülle errichtet. Eine Säule des Himmels wurde errichtet, ein Zeichen der Vernichtung der Welt; das war der weiße Baum der Fülle im Norden. Dann wurde der schwarze Baum der Fülle im Westen errichtet, daß der schwarzbrüstige *pidzoy* darauf sitze. Dann wurde der gelbe Baum der Fülle im Süden errichtet, Zeichen der Zerstörung der Welt, damit der gelbbrüstige *pidzoy* darauf sitze, damit der gelbe Pirol darauf sitze, der scheue *mut*. Dann wurde der grüne Baum der Fülle im Mittelpunkt der Welt errichtet, als Denkmal der Zerstörung der Welt.

In den Mani- und Tizimin-Versionen dagegen wird der erste Baum im Osten aufgestellt und trägt die Farbe rot; das Mani-Chilam-Balam erwähnt außerdem, daß dieser erste östliche Baum, Chac Imix Che, den Himmel stütze und ein Zeichen der Morgendämmerung sei.

Schöpfungsmythologie und Kalender in Yucatan

Wie schon erwähnt, ist ein Großteil der Schöpfungsmythen der Chilam-Balam-Bücher in die Begrifflichkeit der Kalender eingebettet. So treten die drei obigen Flut- und Schöpfungsversionen jeweils in Katun Elf Ahau ein, dem ersten von dreizehn grob zwanzig Jahre umfassenden Katuns, die sich in einem etwa 260 Jahre währenden Zyklus wiederholen. Die dreizehn Katuns erhalten ihren jeweiligen Namen von dem 260-Tage-Datum, mit dem sie enden. Sie beginnen ausnahmslos mit dem Tagesnamen Imix (entsprechend dem aztekischen Tagesnamen Cipactli oder Kaiman) und enden mit dem Tagesnamen Ahau. Trotz ihrer Kennzeichnung durch verschiedene Farben tragen die nach der Flut errichteten Weltenbäume alle den Namen Imix Che, ›Imix-Bäume‹, der sich wahrscheinlich auf den ersten Tag eines neuen Katun-Zyklus bezieht.

Der Darstellung der Schöpfungsereignisse im Rahmen der Kalenderzyklen entsprechen wiederum die Kalenderrituale, in denen oftmals Schöpfungsereignisse wiederholt werden. So gehören die Anmerkungen de Landas über die Flut und die Bacab-Himmelsträger eigentlich zu dem Vorspann eines detaillierten Berichts über die Neujahrsfeierlichkeiten der Yucatec-Maya bei der Vollendung und Erneuerung des 365-Tage-Jahres. Wie sich herausgestellt hat, gilt ähnliches für die Dresdner Handschrift. Die dort auf Seite 74 enthaltene Szene wurde bisher weitgehend als Darstellung der Zerstörung der Welt durch die Flut gedeutet. Hier wird der obere Teil der Szene von einem reptilienähnlichen, drei Wassersäulen speienden Himmelsband beherrscht. Darunter befinden sich die betagte Göttin Chac Chel (Ix Chel), die Wasser aus einem Krug gießt, und ein schwarzer, seine Waffen schwingender Gott, wahrscheinlich Chac. Neben den Namen Bacab, Chac und Chac Chel erwähnt der Begleittext einen schwarzen Himmel und schwarze Erde, wahrscheinlich Hinweise auf die Zerstörung der Welt.

Die Seite 74 geht in der originalen Seitenabfolge der Dresdner Handschrift unmittelbar den Seiten voraus, die sich mit der Aus-

Dresdner Handschrift, S. 74; wahrscheinlich eine Darstellung der Flut

richtung der Neujahrsfeierlichkeiten, wie sie auch de Landa beschreibt, beschäftigen. Eines der in diesen vier prähispanischen ›Neujahrs-Seiten‹ geschilderten Hauptereignisse bestand in der Aufstellung der vier Weltenbäume, deren erster der rote Baum des Ostens war. Wie in de Landas Bericht von der Flut wird die Neujahrszeremonie auch auf Seite 74 in der Begrifflichkeit von Weltzerstörung und -erneuerung dargestellt, wobei die Errichtung der

Errichtung des westlichen Weltenbaums zu Neujahr. Dresdner Handschrift, S. 27

Bäume die Erneuerung der Welt symbolisierte. Die Neujahrsfeierlichkeiten waren also alljährliche kultische Wiederholungen der Vernichtung und Neuschöpfung der Welt. Die graphischen Darstellungen der Flut und der Errichtung der Weltenbäume in den drei Büchern des Chilam Balam machen deutlich, daß der rituelle Beginn des Katun oder anderer Perioden der Langen Zählung auf ähnliche Weise aufgefaßt wurde.

Die überlieferten Mythen der alten Quiché- und Yucatec-Maya sind nicht nur auf das Gebiet der Maya beschränkt, sondern haben viele Züge mit den Mythen der Azteken gemein. Wie die Azteken, so glaubten auch die postklassischen Maya Yucatans und des guatemaltekischen Hochlandes an die Existenz mehrerer der ihrigen vorausgegangener Welten. Dazu teilten sie die Annahme, daß eine Flut der Schöpfung der gegenwärtigen Welt unmittelbar vorausgegangen sei. Xbalanques und Hunahpus Suche nach dem (getöteten) Vater und ihr Abstieg in das Totenreich sowie die Niederwerfung der Totengötter erinnern an die Unterweltreise Quetzalcoatls, bei der er die Gebeine der Menschen der vorherigen Schöpfung zurückerlangt. Die Kunst der klassischen Maya läßt vermuten, daß der Sinn, der diesen Mythen der Maya und Azteken zugrunde liegt, mehr oder weniger derselbe ist. In beiden Fällen scheint die Unterweltreise der Suche nach einem geeigneten Stoff für die Erschaffung des gegenwärtigen Menschengeschlechts zu dienen. Die Darstellungen in der Kunst der klassischen Maya, die die Wiedererweckung des Vaters der Heldenzwillinge durch seine Söhne zeigen, enthüllen das hohe Alter der Maya-Version und beweisen, daß sie keine relativ junge, zentralmexikanische Neuerung ist.

Wie schon erwähnt, stammen dagegen gewisse Aspekte der Maya-Mythologie der postklassischen Periode tatsächlich aus Zentralmexiko, wie etwa die im *Popol Vuh* erwähnte gefiederte Schlange Gucumatz und die Stadt Tollan. Eine deutliche Verwandtschaft läßt sich auch zwischen der Yucatec-Episode um Itzam Cab Ain und dem aztekischen Mythos von der Zerstückelung des Erdungeheuers feststellen. Die bereits erwähnte Skulptur des auf allen vieren hockenden Erdungeheuers aus Mayapan deutet darauf hin, daß die Maya von Yucatan mit der aztekischen Mythologie bekannt und selbst mit ihren ikonographischen Konventionen vertraut waren. Doch könnte die Vorstellung eines großen Erdkaimans in Verbindung mit der Flut auch bei den Maya selbst entstanden sein. Ein erhaltenes spätklassisches Maya-Gefäß stellt einen vom Himmel herabhängenden Kaiman mit Todes- und Wassersymbolen dar, der an das reptilienhafte Himmelsband auf

Dieses Detail einer spätklassischen Maya-Vase stellt vermutlich den Flut-Kaiman dar, der an das reptilienhafte Himmelsband auf Seite 74 der Dresdner Handschrift erinnert

Seite 74 der Dresdner Handschrift erinnert. Das zu dieser Szene gehörige Datum ist Vier Ahau Acht Cumku, welches den Beginn des großen Baktun-Zyklus markiert, der 3114 v. Chr. einsetzt. Wäre es nicht möglich, daß dieses Ereignis der Langen Zählung eine klassische Version der Flut und der folgenden Neuschöpfung der Welt konstituiert? Wenn ja, könnte die Errichtung von Stelen am Ende bedeutender Abschnitte der Langen Zählung in der klassischen Periode die rituelle Wiederholung der Aufstellung der Weltenbäume zu Beginn der Schöpfung der gegenwärtigen Ära bedeuten.

Schlußbemerkung

Nur selten entfernen sich die überlieferten Schöpfungsgeschichten Mesoamerikas weit von der empirisch-natürlichen Welt. Oftmals ist die Rede von Wind-, Blitz- und Wassergöttern sowie von Gottheiten, die mit bestimmten Gestirnen oder anderen Naturphänomenen gleichgesetzt werden. Die natürlichen Abläufe, die den Kreislauf von Vegetation und Landwirtschaft bestimmen, sind dabei von größter Bedeutung – dem *Popol Vuh* zufolge ist ja selbst das Fleisch der Menschen aus Mais geschaffen. Von diesen Quellen ausgehend, wird leicht verständlich, daß der Mensch mit seiner Existenz in der Schuld der Götter steht, denen er sein Dasein verdankt – und zwar ganz wörtlich in einer Blutschuld. Die sich wiederholenden Weltenschöpfungen und -zerstörungen sind eine ständige Erinnerung an die Folgen einer Vernachlässigung dieser Pflichten gegen die Götter.

Kalender und Astrologie dienten als Grundlage für die Beobachtung und Einteilung der Erscheinungen der natürlichen Welt, und es ist wohl kaum erstaunlich, daß sie auch in der Mythologie des alten Mesoamerika eine so wichtige Rolle spielen. Oftmals werden Mythen der Weltenzerstörung und -erneuerung in der Begrifflichkeit kalendarischer Ereignisse ausgedrückt. Dies ist besonders für das späte nachklassische Yucatan der Fall, wo die Bildlichkeit von Weltzerstörung und -neuschöpfung wiederholt dazu diente, die Vollendung des 365-Tage-Jahres und des Katun-Zyklus zu bezeichnen. Doch das mesoamerikanische Verhältnis zwischen kalendarischen Ereignissen und Mythen ist kein rein metaphorisches. Man bediente sich der Kalenderzyklen, um Perioden vorauszuberechnen, in denen eine mögliche Zerstörung der Welt bevorstand. Das nahende Ende gewisser Kalenderabschnitte wurde als bedrohliche Periode empfunden, wo der lebendige Mythos in die Welt der Sterblichen einbrach und die Götter und sonstigen Kräfte der Schöpfung und des Chaos ihre Kämpfe von neuem in der irdischen Sphäre austrugen.

Kalendersysteme, Astrologie und Mythologie des alten Mesoamerika bilden ein zwingendes und übergreifendes Glaubenssystem. Während der aztekischen Neu-Feuer-Vigilien, die die Vollendung des 52-Jahre-Zyklus markierten, beobachteten die Bewohner Tenochtitlans die Plejaden und andere Gestirne in großer Furcht, um festzustellen, ob die Welt dieses Mal untergehen oder fortbestehen würde. Die Mythen spiegeln den starken Einfluß wider, den die Bewegungen der Sonne, Sterne, Planeten und anderen Gestirne auf das Leben Mesoamerikas ausübten. Himmlische Wesen wie Tlahuizcalpantecuhtli, Mixcoatl und Tonatiuh sind in den Mythen Zentralmexikos weit verbreitet. Neuere Forschungen von Linda Schele und David Freidel führen zu der Vermutung, daß sich die klassische Maya-Version der Unterweltreise der göttlichen Zwillinge und ihres Vaters durch die finsteren Gefilde Xibalbas in der Wanderung der Sternbilder auf der Sonnenbahn verfolgen lasse, d. h. in dem Weg, den die Sternbilder des Tierkreises der Neuen Welt alljährlich zurücklegen. Schele und Freidel weisen darauf hin, daß die Milchstraße in einer Reihe von Maya-Sprachen als Xibal Be, ›der Weg Xibalbas‹, bezeichnet wird. Diese noch unabgeschlossenen Untersuchungen eröffnen die faszinierende Perspektive, daß die sichtbaren Himmelsbewegungen der Sterne und Planeten das strukturelle Grundmuster der Entwicklung der mesoamerikanischen Mythologie abgegeben haben könnten.

Verglichen mit den Mythologien der Alten Welt, also Mesopotamiens, Ägyptens oder Griechenlands, ist über die alten Mythen der Neuen Welt viel weniger bekannt. Wir müssen zugeben, daß wir bislang nur einen Bruchteil der Mythen, die zur Zeit der spanischen Eroberung lebendig waren, verstehen und noch weit weniger von jenen der klassischen Periode wissen. Die Zerstückelung

Gefäßszene einer spätklassischen Maya-Keramik: Raub der Gewänder und Insignien des alten Gottes L. durch ein Kaninchen

Tezcatlipocas durch Xiuhtecuhtli etwa, wie sie die erste Seite der Handschrift Fejéváry-Meyer wiedergibt, taucht in den Mythen des alten Zentralmexiko nicht auf, ebensowenig wie eine Reihe von Episoden, die in der Mitte der Borgia-Handschrift überliefert sind. Viele der auf klassischen Keramiken dargestellten Szenen eindeutig mythischen Charakters weisen dagegen keine direkte Verbindung zu dem *Popol Vuh* oder anderen Mythologien der postklassischen, kolonialen oder heutigen Maya auf. Ein schlagendes Beispiel hierfür bietet eine auf mehreren polychromen Gefäßen abgebildete Szene, die den Diebstahl eines Hutes und weiterer Insignien eines alten Gottes durch ein Kaninchen zeigt. Nicht einmal der Name dieser alten Gottheit ist überliefert, so daß er gegenwärtig nur als ›Gott L.‹ bezeichnet wird.

Es ist jedoch unwahrscheinlich, daß Mythen dieser Art für immer verschollen bleiben. Die großen Fortschritte bei der Entzifferung der Maya-Glyphen geben zu der Hoffnung Anlaß, daß es schließlich möglich sein wird, die Namen und Taten einzelner Götter in Erfahrung zu bringen. Die augenblickliche Situation auf dem Gebiet der Erforschung der alten Maya gleicht dem plötzlichen, sprunghaften Zuwachs an umwälzenden Erkenntnissen in der Ägyptologie des 19. Jahrhunderts, die auf die Entzifferung der Hieroglyphen folgte. In dieser Hinsicht versprechen die kommenden Jahrzehnte auf dem Gebiet der alten Maya-Religion ausgesprochen ergiebig und aufregend zu werden.

Im Gegensatz zu den Mythen Mesopotamiens, Ägyptens und Griechenlands sind viele der in diesem Buch aufgeführten mythischen Helden und Ereignisse auch heute noch lebendiger Teil der modernen Mythologie Mesoamerikas. Die Abenteuer Nanahuatzins sind bei den Nahuat-sprechenden Völkern der Sierra de Puebla immer noch in Umlauf, und die Mythen der Cora und Huichol West-Mexikos haben vieles mit der uns bekannten aztekischen Mythologie gemein. Ebenso wie die klassische Version des *Popol Vuh* unser Verständnis des Quiché-Epos fördert, werfen auch die heutigen Mythen oftmals ein Licht auf die größtenteils sehr knapp gehaltenen Texte der Periode kolonialen Kontaktes. Die modernen Mythen der Kekchi, Mopan und anderer Maya-

Völker enthalten häufig Episoden und Motive, die eine Verwandtschaft mit dem *Popol Vuh* aufweisen. Dasselbe gilt für die Mythen der Mixe, Popoluca und Totonac von Oaxaca und Veracruz, in denen deutliche Anklänge an das *Popol Vuh* mitschwingen, vor allem in Episoden, die den Ursprung des Maisgottes behandeln. Zwar enthalten die modernen Mythen Mesoamerikas häufig Elemente,

Wiederauferstehung des Maisgottes, der klassischen Form Hun Hunahpus, aus der Erde, symbolisiert durch den Schildkrötenpanzer. Seine beiden Söhne Xbalanque und Hunahpu assistieren dem Vater; alle drei werden durch Namen-Glyphen identifiziert. Innenseite einer spätklassischen Maya-Keramikschüssel

die nicht prähispanischen Ursprungs sind – etwa katholische Heilige und historische Ereignisse der jüngeren Vergangenheit – doch ist das keineswegs ein Zeichen für das Absterben oder die Zersetzung dieser mythischen Traditionen. Ganz im Gegenteil ist dies ein Beleg für die Lebendigkeit mündlicher Überlieferung, die damit fortfährt, flexibel auf eine sich ständig wandelnde Welt zu reagieren und sich auf ihre Weise mit ihr auseinanderzusetzen.

Literaturhinweise

Allgemeine Überblicke und Geschichte

Für die Azteken und die mesoamerikanische Religion sind die zahlreichen Veröffentlichungen Eduard Selers immer noch maßgebend; sie behandeln die verschiedensten Aspekte der Kulturen Alt-Mexikos.

Burland, Cottie A.: Völker der Sonne. Azteken, Tolteken, Inka und Maya. Aus dem Engl. von Harald Händler. Bergisch Gladbach 1977.

Eggebrecht, Axel (Hrsg.): Die Azteken und ihre Vorläufer. Glanz und Untergang des alten Mexiko. Ausstellungskatalog. 2 Bde. Mainz 1986.

Gockel, Wolfgang: Die Geschichte einer Maya-Dynastie. Entzifferung klassischer Maya-Hieroglyphen am Beispiel der Inschriften von Palenque. Mainz 1988.

Lehmann, Walter [u. a.] (Übers.): Geschichte der Azteken. Codex Aubin und verwandte Texte. Bearb. von Günther Vollmer. Aztekisch/Deutsch. Berlin 1981.

Schele, Linda / Freidel, David: Die unbekannte Welt der Maya. Das Geheimnis ihrer Kultur entschlüsselt. Aus dem Amerik. von Johann G. Scheffner. München 1991.

Scurla, Herbert (Ausw. u. Einl.): Durch das Land der Azteken. Berichte deutscher Reisender des 19. Jahrhunderts aus Mexiko und Guatemala. Berlin 1987.

Seler, Eduard: Gesammelte Abhandlungen zur amerikanischen Sprach- und Altertumskunde. 5 Bde. 1 Index-Bd. Nachdr. der Ausg. Berlin 1902–23. Graz 1960–66.

Seler-Sachs, Cäcilie: Frauenleben im Reiche der Azteken. Ein Blatt aus der Kulturgeschichte Alt-Mexikos. Nachdr. der Ausg. Berlin 1919. Berlin 1984.

Soustelle, Jacques: Das Leben der Azteken. Mexiko am Vorabend der spanischen Eroberung. Aus dem Frz. von Curt Meyer-Clason. Zürich 1986.

Wilhelmy, Herbert: Welt und Umwelt der Maya. Aufstieg und Untergang einer Hochkultur. München [u. a.] 1981.

Zu Mythen, Märchen, Kunst und Religion

Hassler, Peter: Menschenopfer bei den Azteken? Eine quellen- und ideologiekritische Studie. Bern [u. a.] 1992.

Hellmuth, Nicholas M.: Monster und Menschen in der Maya-Kunst. Eine Ikonographie der alten Religionen Mexikos und Guatemalas. Graz 1987.

Lanczkowski, Günter: Die Religion der Azteken, Maya und Inka. Darmstadt 1989.

Lévi-Strauss, Claude: Die Luchsgeschichte. Zwillingsmythologie in der Neuen Welt. Aus dem Frz. von Hans-Horst Henschen. München/Wien 1993.

Popol Vuh. Das Buch des Rates. Mythos und Geschichte der Maya. Aus dem Quiché übertr. und erl. von Wolfgang Cordan. München 1993.

Romain, Marianne: Ikonographie und Verwendung der klassischen und postklassischen Tonfiguren der Maya. Diss. München 1984.

Wissmann, Hans: Sind doch die Götter auch gestorben. Das Religionsgespräch der Franziskaner mit den Azteken von 1524. Gütersloh 1981.

Märchen der Azteken und Inkaperuaner, Maya und Muisca. Übers., eingel. und erl. von Walter Krickeberg. Jena 1928. 33.–34. Tsd. München 1991.

Die Abbildungen sind sämtlich der englischen Originalausgabe entnommen, in der sich auch die entsprechenden Nachweise finden.

Umschlagabbildung: Mosaikmaske aus El Petén, Guatemala.

Register

Kursive Ziffern verweisen auf Abbildungen.

Reclams Lexikon der antiken Mythologie

Von Edward Tripp. Aus dem Englischen übersetzt von Rainer Rauthe. 5. Auflage 1991. 560 Seiten. 72 Abbildungen. 5 Karten. Format 15 × 21,5 cm. Leinen mit Schutzumschlag

Ein Nachschlagewerk, das in 2200 Stichworten über den gesamten Bereich der griechischen und römischen Mythologie informiert. Es ist streng nach den antiken Quellen erarbeitet und behandelt Götter, Heroen und andere Gestalten des Mythos, stellt die geographischen Schauplätze der Ereignisse, aber auch Kultorte und Kulte vor und erklärt die Sternbilder sowie himmlische, irdische und unterirdische Erscheinungen – dies alles mit einem Höchstmaß an Vollständigkeit und Anschaulichkeit. Die Bebilderung vermittelt darüber hinaus einen Eindruck von der visuellen Kraft und Lebendigkeit antiker Mythen.

»Ein Lexikon dieser allgemeinverständlichen und in erster Linie orientierenden Art gehört zu den Gebrauchsbüchern, die für das immer wieder nötige Nachschlagen, aber auch für eine kontinuierliche Lektüre unerläßlich sind.«

Joachim Günther im *Tagesspiegel*, Berlin

»Angesiedelt in der Mitte zwischen Nachschlagewerk und Lesebuch, zugeschnitten auf die Interessen eines nichtspezialisierten Benutzers, mit zutreffenden Bildbeigaben versehen und durch Karten übersichtlich ergänzt, so präsentiert sich Tripps Lexikon als handlicher, brauchbarer Band.«

Die Zeit, Hamburg